Introducción a la Ética Cristiana

Ismael García

ABINGDON PRESS / Nashville

INTRODUCCIÓN A LA ÉTICA CRISTIANA

Este libro fue impreso en papel sin ácido.

ISBN 0-687-07387-1

03 04 05 06 07 08 09 10 11 12—12 11 10 9 8 7 6 5 4 3

HECHO EN LOS ESTADOS UNIDOS DE NORTEAMÉRICA

Contenido

Agradecimiento

Aprovecho esta ocasión para expresar mi más sincero agradecimiento a las instituciones y a las personas cuya contribución hizo posible este humilde texto. En primer lugar, quisiera reconocer el apoyo que la Pew Charitable Trust ha dado a un número significativo de iniciativas y proyectos que fomentan la educación teológica en la comunidad hispana. El Proyecto de los Institutos Bíblicos para el Siglo 21, auspiciado por Pew y a quien encomiendo este texto, es testimonio vivo de su generosidad y de su inclusividad en fomentar, a distintos niveles, la educación teológica en la comunidad hispana. También tenemos que reconocer las múltiples contribuciones de AETH, quien publica y distribuye este texto y cuya creatividad y compromiso con la educación teológica hispana hizo posible el Proyecto de los Institutos Bíblicos. Tenemos que agradecer la dedicación y hacer mención especial de los incansables esfuerzos de la hermana Norma Ramírez. Norma fue una muy capaz administradora que dirigió, de manera fiel y con gran devoción y cariño, el Proyecto de los Institutos Bíblicos. Hay que poseer gran talento y visión para lograr organizar los múltiples talleres a nivel nacional, reunir a miembros de nuestras iglesias, profesores y administradores, y lograr que trabajen en conjunto, de manera productiva y constructiva.

También quisiera reconocer la participación y los comentarios críticos que hicieron miembros del grupo que participó en el taller de ética que se reunió en San Juan, Puerto Rico, durante el verano de 1999. Este grupo, representativo de la iglesia hispana en Puerto

Rico, Canadá y de diferentes regiones en los Estados Unidos, me brindó la oportunidad para usar tres de los capítulos que componen este texto. Las sugerencias que de allí surgieron me ayudaron a revisar el texto para hacerlo más accesible.

Finalmente quiero agradecer la lectura cuidadosa y los comentarios críticos de las colegas Noris Maldonado y Catherine Barsotti. Muchas de sus sugerencias han sido incorporadas al texto y hacen que el texto sea más relevante para los profesores y estudiantes de los Institutos Bíblicos, a quienes está dirigido. Agradezco la labor de Doña María Lina Collazo, cuya lectura y revisión del manuscrito no sólo lo depuró de muchos anglicismos, sino que también contribuyó enormemente a que mi español fuera más fluido y comprensible. Está de más decir que este servidor permanece la persona responsable de todo lo escrito en este texto.

Ismael García, 25 de enero de 2001
Austin, Texas

Prefacio

A simple vista, la publicación de un libro sobre ética cristiana podría parecer innecesaria o superflua para nuestra comunidad latina. Si hay algo que caracteriza al cristianismo latino, tanto protestante como católico, es su énfasis en cuestiones morales. Esto llega al grado de que muchas veces lo que hace la diferencia entre unos y otros —al menos tanto como las cuestiones teológicas— son las prácticas morales. Así, por ejemplo, en algunos círculos evangélicos la señal de un verdadero creyente es el cumplimiento estricto de reglas como no ingerir bebidas alcohólicas, no bailar, no fumar, y otras similares. Desde púlpitos católicos y protestantes, se predica de moral tanto como de doctrina. Incluso ocurre, entre algunos protestantes, que al mismo tiempo que se subrayan las fuertes diferencias doctrinales entre denominaciones y tradiciones, existe una especie de «ecumenismo evangélico» que por un lado comparte la oposición al catolicismo romano, y, por el otro, la práctica común de abstenerse del tabaco, el alcohol y el baile.

Todo esto constituye la razón por la que un libro como el del Dr. García se hace tan necesario. Hay diferencias importantes entre la ética y la moral. Puesto que en las páginas que siguen esas diferencias se explican, no hay por qué decir mucho sobre ellas aquí. Baste señalar que las prácticas mencionadas, referentes al alcohol, el tabaco y otras, son cuestiones de moral, más bien que de ética. Son reglas de una comunidad, y como tales, tienen su lugar y su valor. Pero no involucran una reflexión acerca de las implicaciones de nuestra fe para todos los aspectos de la vida, y tampoco nos ayudan mucho al enfrentarnos a cuestiones y dilemas inesperados o con escasos antecedentes.

En contraste, al mismo tiempo que la reflexión ética bien puede llevarnos a prácticas como las arriba mencionadas, también nos ayuda a relacionar la fe con todas las decisiones de la vida y no solamente las personales —como no bailar—, sino también decisiones acerca de cuestiones comunitarias, políticas, médicas y de cualquier otro tipo.

Vivimos un tiempo donde constantemente enfrentamos problemas que nuestros antepasados en la fe ni siquiera se imaginaron. Esto es cierto para diferentes esferas de la vida humana. En el campo de la medicina, por ejemplo, enfrentamos cuestiones como la de decidir cuándo termina la vida, quién ha de recibir órganos para transplantes y cómo, y otras parecidas. Algunos de estos problemas ya comienzan a tocar la vida cotidiana de los creyentes. Tal vez muy pronto sea relativamente fácil y común elegir el sexo de los hijos, y esto, a su vez, puede acarrear profundos cambios en y retos para la sociedad. ¿Qué han de hacer los cristianos y cristianas al respecto? Un ser querido está gravemente enfermo; sus funciones físicas y su actividad cerebral han cesado; pero todavía podemos mantenerlo respirando por un tiempo indefinido. ¿Qué hacer? La ética cristiana siempre se ha opuesto al homicidio. Pero, ¿será homicidio desconectar las máquinas que mantienen respirando a esa persona? ¿Acaso ya está muerta?

Lo que es cierto en el campo de la medicina lo es también en otros campos. En la política, por ejemplo, el crecimiento mismo de nuestras comunidades de fe nos plantea posibilidades y dilemas imprevistos. Ahora los políticos se nos acercan buscando nuestro voto. Nos hacen promesas. ¿Cómo hemos de valorar tales promesas? Si un partido político tiene un programa de reforma social, ¿cómo hemos de juzgar el valor de tal programa? ¿Bastará con ver si ayuda o no a la iglesia? ¿O acaso existen otros valores que los creyentes hemos de tratar de lograr, promover y sostener en la vida pública?

Las nuevas técnicas de comunicación, las relaciones globales de la economía, los medios masivos de propaganda, el conflicto entre religiones y culturas (ya no en tierras lejanas, sino en nuestro propio patio), las nuevas oportunidades económicas para algunas personas de entre nuestro pueblo... cada una de estas nuevas realidades nos plantea retos que hace treinta años eran insospechados. Lo que es más, si los últimos treinta años han traído cambios y retos que nadie pudo prever, es de suponerse que los próximos treinta seguirán con la misma tendencia. Es imposible predecir hoy las cuestiones éticas que enfrentará la generación que en este tiempo se forma en nuestras iglesias y escuelas. De igual modo, es imposible darle a un pastor o pastora —que en este tiempo se forma en una de nuestras instituciones— una serie de reglas que le sirvan de fácil respuesta a los nuevos problemas que, sin lugar a dudas, enfrentará en sus años de ministerio.

Es por todo esto que la disciplina de la reflexión ética se hace tan necesaria. El libro que ahora presentamos, al mismo tiempo que discutirá casos concretos, también nos ayudará a practicar la reflexión ética. De esta manera, al enfrentar las nuevas situaciones, lo haremos como pueblo creyente en Dios y servidor de los propósitos de Dios.

Por otra parte, hay una relación estrecha entre la teología y la ética. A esto también se refieren las páginas que siguen. Tradicionalmente se ha pensado que la ética es una especie de apéndice de la teología. Es como si primero pensáramos acerca de nuestra fe, de nuestras doctrinas, y luego, una vez aclaradas las cuestiones teológicas, nos preguntáramos cómo aplicarlas a la vida cotidiana, y así es como la aplicación se convierte en ética. Frente a esta posición, otras personas han sostenido que la ética es una disciplina independiente, fundamentada en el razonamiento y la naturaleza humana común, y que, por tanto, podía desentenderse de la teología. Hoy sabemos que la cuestión es mucho más compleja. La ética cristiana ha de tener una base teológica, ha de ser expresión de la fe llevada a la vida cotidiana. Pero, al mismo tiempo, es cierto que la manera en que practicamos la fe afecta a la teología. Hace muchos años, un autor cristiano que se enfrascó en polémica con un pagano, le decía «muéstrame a tu hombre, y yo te mostraré a mi Dios». El significado de esto era que su contrincante, precisamente por llevar una vida impura, no podía recibir ni entender la fe del creyente. La manera en que vivimos se refleja en lo que pensamos y lo que entendemos. Así, por ejemplo, un creyente que se compromete a luchar contra el hambre de repente empezará a descubrir en la Biblia muchísimos pasajes que antes no había notado, o cuya relación con las cuestiones del hambre y la justicia social no había visto.

En consecuencia, la relación entre la teología y la ética es circular. Lo que creemos ha de ayudarnos a determinar lo que practicamos; y lo que practicamos tendrá también su impacto sobre lo que creemos. Por ello, este libro, al tiempo que es de ética, también es de teología. Y todo libro de teología, aunque no lo diga, tiene sus dimensiones y sus perspectivas éticas.

Esto, a su vez, implica que la ética —tanto como la teología— siempre lleva el sello del contexto dentro del cual tienen lugar la acción y la reflexión. Mientras es cierto que hay mucho en común en toda la reflexión ética cristiana —sin importar si se hace en la China o en México, en el siglo 21 o en el 16— también es cierto que la reflexión ética siempre se hace dentro de un contexto particular, y que refleja y responde a ese contexto. De aquí la importancia particular de este libro para nuestra comunidad latina: es un libro escrito desde una perspectiva latina, para un público latino, en el que se discuten los principales temas que conciernen a la vida ética del pueblo cristiano latino.

No basta con decir esto. Hay que añadir que la vida ética no es siempre ni constantemente cuestión de reflexión. Como creyentes, no podemos detenernos a cada paso para decidir lo que hemos de hacer, y en el proceso de esa decisión considerar todas las dimensiones de la reflexión ética que se incluyen en este libro. En el mejor de los casos, la vida ética incluye tanto reflexión como reflejo. La reflexión es el pensamiento detenido, concienzudo, que nos ayuda a determinar cómo hemos de responder a una nueva situación. El reflejo es la respuesta inmediata, sin pensar, como quien retira la mano del fuego cuando siente calor. La vida ética también tiene algo de reflejo. Utilizando uno de los ejemplos que aparecen en este libro, si vemos una casa ardiendo y sabemos que dentro hay alguien a quien podemos salvar, no nos detenemos a pensar previamente en todas las consecuencias éticas de salvar a la persona, sino que sencillamente actuamos y luego pensamos. En tal caso, actuamos por reflejo, más bien que por reflexión.

Así pues, la vida ética también tiene el propósito de, en la medida de lo posible, llevarnos a actuar correctamente no sólo por reflexión, sino también por reflejo. La vida cristiana es también cuestión de formación, de crear formas de actuar —hábitos— que se realicen como un reflejo, no porque nos detengamos a pensar en lo que deberíamos hacer, sino sencillamente porque nuestra fe nos ha formado de tal modo que lo hacemos casi automáticamente.

A su vez, esto implica que la ética se relaciona no sólo con la fe y la doctrina —es decir, con la teología—, sino también con la espiritualidad. Lo que buscamos no es solamente actuar bien, sino también que, por la gracia de Dios y el poder del Espíritu Santo, lleguemos a ser mejores personas, personas que actúen bien, tanto por reflejo como por reflexión.

En esto, también, el libro que ahora presentamos tiene un valor especial para la comunidad latina. La iglesia que forma el trasfondo desde el cual el Dr. García escribe es la iglesia latina. La experiencia de fe personal, y de la comunidad de fe del autor, es paralela a la del público lector a quien el libro va dirigido.

Por todo esto, me complazco en recomendar la lectura y el estudio de este libro, no solamente como cuestión de información teológica y pastoral; sino también, y sobre todo, como invitación a ser creyentes cada vez más fieles, en una iglesia cada vez más obediente y más pertinente para el mundo y la hora en que Dios la ha puesto. ¡Así sea!

Justo L. González
Decatur, Georgia
enero del 2003

Discípulo del Maestro: Introducción a la ética cristiana

El propósito de este texto introductorio es familiarizar a quien lo lea con la disciplina de la ética cristiana. Nuestro estudio es teórico, tanto como práctico y pastoral. El texto presenta los modelos teóricos clásicos para hacer decisiones éticas, además de los conceptos básicos que definen el quehacer ético-moral cristiano.[1] La teoría ética nos provee las herramientas necesarias para describir y analizar, de manera clara y global, las situaciones y retos morales que, como individuos y miembros de la iglesia, enfrentamos en nuestro diario vivir. La teoría ética también nos ayuda a entender los valores que informan nuestras decisiones morales.

Más allá de la mera comprensión de las situaciones éticas que cada vez son más complejas, y de los valores éticos que informan nuestras decisiones morales, la teoría ética nos permite discernir cuáles son los valores y fines que deben motivarnos a actuar de manera más armónica con nuestra fe cristiana. Si logramos estos dos propósitos —claridad teórica y compromiso práctico— estaremos más cerca de lo que realmente debe ser la ética cristiana, una manera particular de pensar y de vivir la fe y de realizar su promesa de vida nueva. La claridad conceptual también es importante porque nos permite lograr un mayor y mejor entendimiento mutuo.

La ética y la moral

En nuestro diario conversar usamos los términos *moral* y *ética* indistintamente. Para muchos de nosotros, ambos términos tienen el mismo significado y apuntan a la misma realidad. Sin embargo, es importante que preservemos la distinción entre la ética y la moral que ha existido desde el comienzo del pensamiento ético. La *moral* tiene un carácter esencialmente **práctico**, consiste en reglas, prácticas personales y sociales, costumbres y hábitos que una comunidad, y los individuos que la componen, define como buenas. Todos nacemos dentro de comunidades que tienen una visión hecha de lo que es el mundo moral. Una de las funciones principales de la sociedad y de sus múltiples instituciones —la familia, la escuela, la iglesia y las múltiples asociaciones voluntarias— es socializarnos para ver el mundo desde su perspectiva moral y aceptar sus valores como los que deben regir nuestra vida.

El termino *ética,* sin embargo, tiene un carácter esencialmente **teórico**. La ética hace de la moral cotidiana su objeto de estudio. La ética es reflexión filosófica, reflexión crítica sobre las prácticas y los valores morales cotidianos y las instituciones sociales que los sostienen. La ética se pregunta si las normas morales que rigen nuestra conducta y nuestras instituciones sociales son en realidad las que deben servir como nuestros criterios normativos.

Esta distinción entre teoría ética y práctica moral no es absoluta. La ética y la moral están intrínsecamente relacionadas. Ética es la reflexión sobre la moral y busca hacer la práctica moral más efectiva. Moral es la dimensión práctica de la ética, una práctica que nos lleva a cuestionar los valores últimos que informan y le dan sentido a nuestra existencia. La ética y la moral, por tanto, son dos perspectivas distintas sobre la misma realidad. Como ya lo mencionamos, y como veremos más adelante, esta dinámica entre la teoría y la práctica es central a la ética cristiana. Con esta breve introducción, comencemos nuestra jornada hacia un entendimiento más completo del mundo ético.

La fe cristiana y la ética

Los apóstoles y las primeras comunidades cristianas proclamaban una fe que tenía una dimensión moral. Para los primeros cristianos, al igual que para sus antecesores judíos (hebreos), la práctica moral era parte integral de la vida de fe auténtica. Las primeras comunidades cristianas proveían a sus miembros instrucción moral sobre el uso del dinero, la familia, las responsabilidades de padres y madres, la sexualidad, la responsabilidad política y económica, y las relaciones con los extranjeros y los enemigos. Desde sus comienzos, los primeros cristianos entendieron que la fe iba mucho más allá de simplemente conocer las verdades y los buenos propósitos de Dios. La fe auténtica implicaba, más que nada, una nueva actitud y posición en el mundo, al igual que una nueva forma de vivir como individuos y como miembros de la comunidad de fe. Esta nueva moralidad era parte integral de la religiosidad cristiana que le daba al individuo y a la comunidad su carácter particular y distintivo. Es importante notar que esta nueva moral tenía un carácter público que le permitía a los miembros de la sociedad identificar quién era y quién no era cristiano. Los cristianos se distinguían, y se podían identificar, no sólo por sus creencias y posturas, sino por su estilo de vida; es decir, por su manera de relacionarse los unos con los otros, incluyendo sus relaciones con los no creyentes.

El carácter práctico de la fe se hace evidente por el hecho de que los primeros cristianos se consideraban a sí mismos como los seguidores del **camino** de Jesús. La fe era identificada y reconocida públicamente como **el Camino.** Así que no es por mero accidente que el apóstol Juan describa a Jesús identificándose a sí mismo como el Camino (Jn. 14:6).

Es importante notar algunas implicaciones que son parte integral del lenguaje del Camino. Un camino no sólo apunta en una dirección, sino también tiene una meta. Desde la perspectiva moral, esto implica que nuestras acciones no sólo deben tener fines morales, sino también los medios que se escogen para lograr esos fines deben ser morales. Lograr fines morales o buenos por medios inmorales es contradecir lo que requiere el Camino. El bien se tiene que lograr por medios morales; es decir, los medios tienen que encarnar el carácter bueno del fin que persiguen para que sea testimonio genuino del Camino del Señor. Todo camino de fe, por tanto, tiene una dimensión moral.

La teología y la ética

Los teólogos difieren en cuanto a si la ética es el comienzo o primer momento de la reflexión teológica o, si por el contrario, la teología debe desarrollarse primero y luego una ética que le corresponda. Muchos teólogos prominentes han presentado buenos argumentos para justificar ambas opciones. Este debate es similar a la pregunta de qué fue antes, el huevo o la gallina. Aunque el acertijo es interesante, no se puede solucionar. Es mejor reconocer que, para la comunidad de fe, lo que realmente importa es que la ética cristiana no carezca de integridad teológica y que la teología no justifique la apatía moral y mucho menos la irresponsabilidad moral. Lo que tenemos que enfatizar es que, independientemente de cuál tenga prioridad, una teología sin fundamento ético y una ética sin fundamento teológico no constituyen una auténtica expresión de la fe cristiana.

Las Sagradas Escrituras también afirman la perspectiva de que la teología y la ética están intrínsecamente relacionadas. Las buenas nuevas que Jesús proclamó se centraban en su entendimiento y testimonio de la realidad presente y la futura realización del reino de Dios. Desde la perspectiva moral, vivir bajo la luz de este Reino implica que en nuestra vida cotidiana debemos actuar, cultivar virtudes y relacionarnos los unos con los otros de tal manera que esto manifieste la realidad presente del reino de Dios entre nosotros y, además, nuestro compromiso con su realización futura. La vida moral cristiana es esencialmente teológica en el sentido de que se centra no en las costumbres, hábitos y convenciones sociales y culturales, sino en nuestro discernimiento de la naturaleza y propósito de Dios.

El Nuevo Testamento deja claro que la conversión al cristianismo implica una transformación radical en el comportamiento del creyente. El converso hace un compromiso con la práctica del amor, amor a Dios sobre todas las cosas y amor al prójimo tal como Dios lo ama. El amor a Dios implica una entrega total a Dios, o en otras palabras, ponerse totalmente en sus manos. El cristiano reconoce tanto su dependencia en Dios como la gracia y el amor de Dios. El cristiano confía en Dios porque es un Dios Providencial que lo ama y busca su bienestar. El amor al prójimo se entiende como la imitación de Dios, ya que hemos de amar al prójimo a pesar de su falta de moral y de virtud tal como Dios lo ama. Tengamos en mente que, desde el punto de vista bíblico, una teología del amor sin una práctica del amor no se considera auténtica por la comunidad de fe.

Las fuentes de la ética cristiana

Es algo complicado proveer una definición concisa y adecuada de lo que es la ética cristiana. Al igual que otras teorías éticas, la ética cristiana afirma que la vida tiene valor, que parte del valor de la vida es contribuir al bienestar de otros y que el significado de la vida se encuentra en propósitos, causas o proyectos históricos que van más allá de nuestro interés propio. Estos propósitos, que son de carácter más universal, reclaman nuestro compromiso y a veces nuestro sacrificio. Nosotros los cristianos confesamos que lo que le da sentido a nuestra vida —y que por consecuencia le dan un carácter distintivo a nuestra ética— son la voluntad y los propósitos de Dios. La moral y la ética cristianas se distinguen de otras por reconocer y afirmar su dependencia en Dios, y por adaptar nuestros propósitos y nuestra conducta personal y comunitaria a la luz de lo que discernimos es la voluntad y los propósitos de Dios. La ética y la moral cristianas buscan desarrollar virtudes que formen nuestra identidad personal y colectiva a la luz de lo que entendemos que Dios nos llama a ser. Tanto lo que debemos **ser** como lo que debemos **hacer** se determina en base a nuestro entendimiento de cuál es la voluntad y los propósitos de Dios para sus criaturas y su creación.

Debido a lo anterior, ya debe ser claro que nuestro discernimiento racional no es ni la principal, ni la única fuente de autoridad para la ética y moral cristianas. Es cierto que la razón tiene un papel importante en el discernimiento ético y moral; sin embargo, también es cierto que lo tienen las Escrituras, la experiencia humana y la tradición teológica de nuestra iglesia.

Para nosotros, los cristianos protestantes, la Biblia juega un papel esencial para definir tanto los parámetros de nuestra conducta moral, como de nuestro ser o carácter como agentes morales (2 Ti. 3:16-17). La Biblia es la fuente principal, aunque no exclusiva, de nuestro entendimiento moral. Ella nos revela los propósitos de Dios y cuál es la conducta que debe regir entre los seres humanos. Cristo encarna y expresa estos propósitos de la manera más clara. Jesús es el caminante que prepara el camino y nos inicia en la jornada. Él es nuestro guía espiritual y religioso, y también nuestro guía y maestro moral. Como mencionamos anteriormente, él no sólo proclama, sino que nos llama y da poder para vivir en la luz del reino de Dios.

Desde este punto de vista, la ética y moral cristianas se pueden definir como la imitación de Jesús. Imitar a Jesús implica mucho más que repetir y hacer lo mismo que él hizo. De hecho, no podemos meramente repetir lo que hizo Jesús, ya que las circunstancias y posibilidades de vida en la época de Jesús eran radicalmente distintas a las nuestras. Simplemente repetir lo que Jesús hizo nos haría infieles a las demandas del momento en que Dios nos ha llamado a vivir. Imitar a Jesús es más bien ser fiel a Dios tal como él lo fue, con todo nuestro corazón y en todo nuestro pensar y hacer. Es vivir y pensar como Jesús, vivir lo cotidiano a la luz de la voluntad y en total confianza en Dios. Así pues, lo que hacemos en particular es distinto a lo que hizo Jesús, pero nuestro ser y hacer se asemeja más al espíritu de lo que él llevó a cabo, y es mucho más fiel que la mera repetición de palabras o gestos realizados por el Maestro.

La autoridad de las Escrituras también implica la autoridad de la comunidad para la cual esas Escrituras son sagradas. La iglesia, como nuestra comunidad de fe, tiene un rol significativo en la formación de nuestro carácter y personalidad moral. Nuestra identidad moral —ética y moralmente hablando— en gran medida es producto de las comunidades donde crecemos y que contribuyen significativamente a la formación de nuestro carácter. La creación y participación dentro de comunidades de fe, que buscan ser fieles a los propósitos de Dios, son moral y éticamente muy importantes en términos de la formación de nuestra visión, sentimientos y entendimiento de lo bueno y lo malo. La comunidad contribuye significativamente a la formación de virtudes y destrezas morales que definen nuestro ser y nuestro hacer.

Las Escrituras, la religión y la moral

En sus Sagradas Escrituras, tanto el judaísmo como el cristianismo se presentan como religiones morales. El Dios bíblico es un Dios personal que también es moralmente bueno. Dios se define como justo, bondadoso, benevolente, amoroso, misericordioso y con muchos otros atributos morales. Dios es providencial y busca nuestra redención y la redención de toda la creación. Los Diez Mandamientos nos presentan una combinación de instrucciones estrictamente religiosas y reglas, o leyes, morales. Tanto en el Antiguo como en el Nuevo Testamento se nos dice que una fe sin obras es vacía y además falsa, y que las obras sin fe carecen de contenido y significado. En la perspectiva de las Sagradas Escrituras no se puede ser auténticamente espiritual sin ser moral, y la vida moral requiere un contenido espiritual que armonice con la voluntad de Dios. En las Sagradas Escrituras la religión y la moral son inseparables. Creer en Dios necesariamente implica ser honestos y decir la verdad, ser bondadosos y contribuir al bienestar de otros, amar tanto al amigo como al extranjero y, lo que es una demanda todavía más radical, amar a nuestro enemigo como Dios lo ama. No se puede confesar religiosamente a Dios y no amar moralmente al prójimo.

¿Por qué debemos estudiar la ética?

Aunque el cristianismo afirma la unidad de la religión y la ética, no debemos pensar que simplemente por ser miembros fieles de la iglesia y estudiar las Escrituras, no tenemos que estudiar o trabajar en nuestras destrezas morales. Como ya lo mencioné al principio de esta introducción, la ética tiene un fin moral práctico y las cuestiones prácticas requieren estudio continuo y cuidadoso.

En primer lugar, necesitamos estudiar la ética para desarrollar nuestra capacidad de reconocer situaciones y nuestra destreza para decidir qué hacer cuando confrontamos un reto de índole moral. Tenemos que aprender a determinar qué es lo bueno y cómo realizarlo bajo circunstancias particulares; también tenemos que cultivar la inclinación de actuar basándonos en lo que es nuestro deber y no sólo en lo que nos conviene personalmente; y tenemos que aprender a identificar todo lo que contribuye y lo que es un impedimento para la formación del carácter moral y, en particular, sobre cómo contribuir mejor a la formación del carácter moral de nuestros jóvenes.

En segundo lugar, tenemos que estudiar ética porque parte de la vocación ministerial —ya sea el ministerio en una congregación, capellanía de hospitales, ministerio de consejería o ministerio educacional, entre otros— conlleva liderato e instrucción moral. Todos esperamos que el liderato ministerial tenga la capacidad para analizar cuestiones morales y ser ejemplos morales. Esperamos que los líderes de la iglesia —ordenados y laicos— nos ayuden a interpretar, a la luz de la revelación bíblica, los retos morales que confrontamos y a examinar nuestras decisiones en términos de si son propias a la situación moral a la que tenemos que responder. El estudio de la ética cristiana nos ayuda para la consejería moral y, si bien es cierto que no siempre podemos dar la respuesta correcta, por lo menos sí podemos proveer dirección e instrucción moral. Incluso, como mínimo, podemos presentar alternativas morales razonables y más fieles a las que inspiran el actuar de algunos de nuestros hermanos y hermanas en la fe.

Otra buena razón para estudiar la ética es la prevención del error o la falta moral. La moral no se inventa cada vez que confrontamos un problema o dilema moral. Ya tenemos un cúmulo de experiencias morales que nos instruyen sobre cuáles acciones y prácticas nos pueden traer problemas. El estudio de la ética nos puede ayudar a no caer en formas de pensamiento falaces. La razón primordial por la que debemos estudiar la ética, sin embargo, es que completa nuestra vida de fe. La dimensión moral nos ayuda a integrar, darle unidad y a armonizar las distintas dimensiones de nuestra vida de fe.

Espero que estas páginas provean recursos que los ayuden a determinar las distintas dimensiones del pensar ético y moral: 1) lo que debemos hacer; 2) lo que debemos ser; 3) la inclinación a analizar los hechos; 4) la intención de considerar las consecuencias de lo que hacemos; 5) identificar los valores y principios que se afirman a través de nuestras acciones; 6) la disposición para tratar de ver nuestras acciones no sólo en términos de nuestro propio interés, sino también a la luz de cómo afectan a otros; y 7) más que nada, tratar de discernir qué requiere Dios que hagamos y qué haría Cristo en esta situación.

NOTAS

[1] El mejor texto de introducción a la ética es el del maestro Adolfo Sánchez Vázquez, *Ética* (Barcelona: Editorial Crítica, 1999). Otro texto bien conocido es el del profesor mexicano Gustavo Escobar Valenzuela, *Ética: Introducción a su problemática y su historia* (México: McGraw-Hill, 1979). Finalmente, el texto del norteamericano William Frankena, *Ethics* (Englewood Cliffs, N.J. Prentice Hall, 1963). Hay versión en español.

Capítulo 1
Precursores de la ética cristiana: El legado griego

La ética y la moral no son el invento de un individuo o de un grupo. Más bien, todos nacemos y somos socializados dentro del mundo moral de nuestra sociedad o de una de sus comunidades. Jesús y las primeras comunidades cristianas también fueron producto de este fenómeno de socialización moral. Jesús no inventa su religiosidad, ni su moral, ni su ética. Al contrario, la ética y la moralidad de Jesús y de las primeras comunidades cristianas son producto del legado romano, hebreo y griego que definía los parámetros de la cultura en ese momento histórico. Por tanto, para comprender cabalmente nuestra identidad moral, como cristianos, debemos estar conscientes de los elementos de nuestra herencia hebrea y griega que influyeron y dieron forma a elementos centrales de nuestro pensar y actuar como cristianos.

Entre los pensadores y las escuelas filosóficas griegas que han dejado una huella significativa en la formación y desarrollo de la ética cristiana debemos mencionar a Sócrates (469–399 a.C.), Platón (427–347 a.C.), Aristóteles (386–322 a.C.) y las escuelas de pensamiento de los estoicos, los epicúreos y, algo más tarde, la de los gnósticos.[1] Estos pensadores y escuelas se dedicaron a la búsqueda de la verdad, incluyendo la verdad moral, basándose en la reflexión crítica racional independiente de las creencias religiosas y mitológicas. En este sentido, la ética como una reflexión filosófica sobre la moral tiene sus comienzos en la cultura griega. Los filósofos griegos buscaban formular principios abstractos y universales que le dieran a la vida humana, y al mundo, una explicación coherente y racional. Así fue que plantearon muchas de las preguntas éticas centrales que todavía expresan algunas de nuestras inquietudes y nos llaman a una reflexión y compromiso más profundo con la búsqueda de la verdad y claridad moral. Todos ellos se plantearon preguntas de carácter religioso-ético como: ¿Cuál es el significado de la vida? ¿En qué consiste la buena vida? ¿Cuál es la vida que vale la pena vivir? ¿Qué estoy llamado y obligado a hacer en mi relación hacia quienes viven conmigo? A la luz de estas preguntas, aquellos pensadores no sólo estaban formulando principios racionales que sirvieran como guía para nuestras acciones, sino también principios que contribuyeran a la formación de nuestro ser o personalidad y que le dieran unidad e integridad a nuestra existencia.

Sócrates

A través de la historia, muchos han considerado a Sócrates como el padre de la ética.[2] Al igual que Jesús, Sócrates nunca escribió sus pensamientos y enseñanzas. Lo que conocemos de él se lo debemos a su discípulo Platón, quien inmortalizó las ideas de Sócrates haciéndolo la figura principal de sus múltiples Diálogos. Varias son las semejanzas que existen entre Sócrates y Jesús: ambos se preocupaban por la vida de sus discípulos, ambos vivieron vidas morales admirables, ambos fueron acusados falsamente y ejecutados por sus enemigos políticos y religiosos, y ambos decidieron morir en defensa de sus convicciones. A pesar de estas semejanzas, una diferencia significativa es que Sócrates es un ejemplo moral, mientras que, para los cristianos, Jesús no sólo es un maestro y ejemplo moral, sino también la encarnación de Dios que se hace presente entre nosotros para nuestra redención.

Platón, en su obra el *Critón*, nos relata que Sócrates, al igual que Jesús, fue falsamente acusado y condenado a morir. Aparentemente, Sócrates hizo evidente que muchas de las creencias de los líderes de su sociedad no tenían fundamentos sólidos y no se podían justificar racionalmente. Muchos consideraban los cuestionamientos y críticas de Sócrates como ofensivos y alegaron que sus enseñanzas no sólo eran falsas sino también peligrosas, en el sentido de ser dañinas para la autoridad pública y el mantenimiento del orden social y que, además, contribuían a la corrupción de la juventud.

Los discípulos de Sócrates, convencidos de que tanto la acusación como la pena de muerte eran injustas, hicieron todos los arreglos necesarios para que Sócrates escapara de la prisión. Sócrates se opuso al plan de sus discípulos. Su decisión, tomada en base a la reflexión moral, fue la de aceptar el castigo que le impuso el estado, a pesar de que él también lo creía injusto. Para Sócrates, el estado político hizo posible que él pudiera vivir una vida dedicada a la búsqueda de la verdad, esto es, una vida que él consideró satisfactoria, significativa y moralmente buena. Desde su punto de vista, esto implicaba que él tenía la obligación de obedecer las leyes del estado, aun cuando tales leyes fueran o se aplicaran de manera injusta. No obedecer las leyes y los decretos del estado hubiera sido violar el convenio implícito que estableció cuando aceptó los beneficios de vivir como ciudadano del estado griego. La desobediencia es la acción de romper el convenio con la comunidad política y esto es una violación moral que puede socavar de manera fundamental las posibilidades de vivir en comunidad.

Uno no tiene que estar necesariamente de acuerdo con la decisión que Sócrates tomó para poder apreciar los elementos centrales que nos revelan las dimensiones más importantes del pensar ético moral, que son parte integral de la moralidad cristiana y que sí ameritan nuestra atención. Sócrates comparte, con nosotros los cristianos, la convicción de que la vida plena incluye la responsabilidad y el compromiso moral. Para él, como para nosotros, una vida plena implica vivir de acuerdo con causas y significados que vayan más allá de la mera preservación de la vida. Estas causas y propósitos, que a pesar de que en ocasiones demandan nuestro sacrificio, le dan sentido y significado a nuestra vida. Esto es algo que tanto Jesús como las primeras comunidades cristianas entendían muy bien.

En primer lugar, Sócrates nos enseña que la conducta moral no es espontánea ni fortuita. Por el contrario, nuestra moralidad debe ser intencional, el producto de nuestra más cuidadosa, profunda y englobante reflexión sobre cómo nuestras acciones afectan nuestra propia vida, la vida de otros y la posibilidad de vivir en comunidad. Aunque la moralidad necesariamente tiene un elemento afectivo, que es lo que nos motiva a actuar, no se puede reducir al ámbito de las emociones. Estos afectos tienen que estar acompañados de razones que nos permitan explicar y justificar lo que hacemos a otros. Así pues, la reflexión moral tiene como propósito discernir las leyes y principios que rigen la vida moral. Estas reglas y principios son los que nos permiten honrar nuestra integridad como seres humanos, nos permiten vivir en comunidad y, finalmente, nos permiten desarrollar todas nuestras facultades y potencialidades.

En segundo lugar, Sócrates reconoció que muchas veces la causa de nuestros desacuerdos morales se basa más en la falta de claridad sobre los hechos y los datos pertinentes al problema moral que confrontamos, que sobre los principios morales que deben regir nuestra conducta. Tener la mayor claridad y certeza posible sobre los hechos y los datos del caso moral es un componente indispensable de la reflexión ética y de la acción moral. Un análisis profundo de la situación en que actuamos, aunque esto no se pueda catalogar como parte del acto moral en sí, es uno de los factores que más contribuye a la moralidad de nuestras acciones. También ayuda que la reflexión moral se haga bajo condiciones mentales y emocionales favorables, es decir, cuando tengamos mayor claridad mental.

En tercer lugar, Sócrates nos demuestra que, en asuntos morales, no podemos decidir de acuerdo a nuestro interés, nuestras inclinaciones, ni a la luz de lo que otros o aun la mayoría creen que es correcto o bueno. Es cierto que ayuda tomar en cuenta lo que otros consideran que debemos hacer, lo mismo que es adecuado pensar que lo moralmente correcto tanto rinde beneficios personales como también beneficia a los que nos rodean. En última instancia, sin embargo, el acto moral tiene que ser resultado de nuestra propia decisión, y nuestra obligación moral es hacer lo que creemos es moralmente bueno aun cuando no resulte en nuestro beneficio o interés personal. Tenemos que hacer lo que es moralmente bueno y no lo que nos conviene o lo que satisfaga nuestro interés. Cuando confrontamos lo bueno, es nuestro deber realizarlo a pesar de lo que otros piensen de nosotros o de cómo podemos sentirnos.

En cuarto lugar, Sócrates reconoce que debemos actuar de acuerdo a reglas generales que nos ayuden a decidir qué hacer en ese momento particular y en otros similares. Nuestra visión y compromiso moral se puede expresar a través de reglas que nos ayudan a discernir la verdad moral. Además, nos ayudan para enseñar a otros a cómo pensar y actuar moralmente y sirven como parte del proceso de socialización que lleva a la formación del carácter moral. Es importante que estas reglas y principios sean objeto del escrutinio o examen más crítico y englobante posible.

Finalmente, Sócrates enfatiza que el poder de las instituciones públicas, en particular el poder que tiene el estado político, no es un fin en sí mismo, sino que existe y se justifica sólo en términos de que sirve para el bien de la comunidad. El poder no se auto-valora, más bien adquiere valor al aumentar el bien para otros. En otras palabras, la realización de lo bueno es lo que le da validez al poder.

Tanto Platón como Aristóteles heredan las preguntas morales centrales del pensamiento de Sócrates: ¿Cuál es el significado de la vida? ¿Qué forma y estilo de vida vale la pena vivir? ¿Cómo debemos vivir nuestra vida en la presencia de otros? Al igual que Sócrates, ambos filósofos entienden que la vida moral se distingue porque se rige por la razón, no por las pasiones y los sentimientos y mucho menos por los intereses personales.

Por razones de espacio, no podemos presentar aquí todas las dimensiones del pensamiento moral de Platón y Aristóteles. Pero sí es importante señalar aquellas que nos permitan entender mejor algunas dimensiones de la ética y la moral cristianas.

Platón

Platón tuvo la oportunidad de ser un líder político con mucha influencia. Sin embargo, debido a la experiencia que vivió su maestro Sócrates y a su convicción de que el mundo político era irremediablemente corrupto, desconfió de la vida política y se inclinó a optar por la vida pedagógica dedicada a la búsqueda de la Verdad.[3]

La Verdad para Platón es universal, inmutable, eterna y reside en un mundo que está más allá del mundo material, en el mundo trascendental de las Ideas. Así pues, el mundo material, que es particular y mutable, sólo es un reflejo imperfecto del mundo de las Ideas. La Verdad es accesible a la razón humana que, cuando es disciplinada, tiene la capacidad de separar las ideas eternas que se encuentran dentro de lo que es material y sensorial. El propósito de la vida, entonces, es salir gradualmente del mundo de las apariencias para ir al mundo de las Ideas eternas. Esta disciplina incluye a la dimensión moral. La moral consiste en cultivar las virtudes, innatas a nuestro ser, que nos permitan realizar a cabalidad tanto nuestras capacidades personales como nuestro rol o función social.

El individuo, para Platón, está constituido por tres facultades: los apetitos (que buscan la satisfacción de las necesidades biológicas), el espíritu (que nos permite actuar de manera vigorosa) y la razón (que nos permite pensar y contemplar el mundo de las ideas eternas). El individuo logra su plena realización cuando su razón domina y guía a su espíritu, y cuando ambos —el espíritu y la razón— dominan y controlan a los apetitos. La disciplina moral consiste en establecer y mantener este orden jerárquico entre nuestras tres facultades. Sólo este orden permite la realización plena del individuo.

Es la disciplina moral la que desarrolla y mantiene las virtudes que le dan forma y dirección a cada una de nuestras facultades. Las tres virtudes que definen la moralidad platónica son **la temperancia**, que controla los apetitos de la carne; **la valentía**, que controla y le da dirección al espíritu; y **la sabiduría**, que le da forma y dirección a nuestras facultades racionales.

El desarrollo integral también requiere nuestra contribución para el mantenimiento y buen funcionamiento de nuestra sociedad. Por ejemplo, para Platón, la temperancia es la virtud propia de los campesinos y artesanos que satisfacen la dimensión biológica de nuestra vida; la valentía es la virtud propia de los policías y militares que tienen la responsabilidad de proteger y defender a la comunidad; y la sabiduría es la virtud que deben tener mejor desarrollada los que gobiernan la sociedad. Una sociedad justa, entonces, es aquella donde los sabios gobiernan, los valientes defienden al pueblo y los trabajadores proveen lo que se necesita para sobrevivir. La justicia, por tanto, consiste en: 1) mantener el orden propio de nuestras facultades, 2) ocupar los puestos sociales que corresponden a nuestras virtudes y cumplir cabalmente con nuestra función y vocación social.

Platón creía que los seres humanos eran esencialmente desiguales en sus capacidades o virtudes. Fue por esto que defendió la idea de que la sociedad debía proveerle a todos los ciudadanos la misma educación, así se determinaría quién tenía los talentos y virtudes para ser gobernante, para ser soldado y para ser trabajador. Es importante mencionar que Platón creía en la educación de la mujer y en su capacidad para funcionar dentro de todos los roles sociales.

Entre las contribuciones que Platón hace al pensamiento moral, y que tendrán impacto en el pensamiento ético y la moralidad cristiana, podemos mencionar: 1) que la realidad material no agota la totalidad de la realidad humana, sino que también hay un mundo trascendente de valores espirituales que se tiene que cultivar; 2) que la realización del individuo se da dentro del contexto social en que vive y en la medida que contribuye al bienestar de la comunidad; 3) que la sociedad justa es aquella que se rige por la razón, no por los intereses ni por la pasión de grupos específicos; 4) que la moral va más allá de nuestro interés y que se preocupa por el bienestar de otros, basándose en reglas y principios que son racionales y de carácter absoluto y universal.

Aristóteles

El pensamiento de Aristóteles, discípulo de Platón, también ha influido significativamente el pensamiento ético y la moral cristiana.[4] Este pensador creía que la realidad encarnaba un orden racional y que los seres humanos, como entes racionales, pueden discernir las reglas morales que deben regir su vida. Sin embargo, su entendimiento de lo real es significativamente distinto al de su maestro. Contrario a Platón, Aristóteles alega que el mundo material es real y que son las ideas las que son un mero reflejo del mundo material. (Este debate sobre la relación entre la vida material y la vida espiritual continúa dentro de la comunidad de fe.) El énfasis que Aristóteles le dio a la realidad material le permitió apreciar la diversidad de expresiones políticas, las distintas maneras de organizar la sociedad y las distintas concepciones morales que se habían dado en la historia. Así, para Aristóteles, la diversidad de órdenes sociales necesariamente implica diversidad en las nociones e ideas sobre lo que es justo.

Desde su punto de vista, la moral no consiste principalmente en obedecer o adaptar nuestras acciones a un principio abstracto y trascendente. Al contrario, la moral consiste en la observación cuidadosa de nuestra naturaleza material concreta y en discernir cuáles son los fines propios de nuestro ser, los fines que debemos realizar y traer a plenitud. La realidad humana, por tanto, tiene un carácter esencialmente histórico. Tales fines o metas constituyen el bien que lleva a la realización de nuestro ser. Una vez que tenemos claro cuál es nuestro fin podremos tomar acciones concretas y escoger los medios propios para su realización. El fin es lo que le da significado y sentido a la moralidad de nuestras acciones. Lo moralmente bueno se define a base del fin que se persigue y no como lo define Platón, a base de la obediencia a un principio que es válido en sí mismo.

Dos contribuciones que Aristóteles hace a la ética y la práctica moral que tendrán impacto en el pensamiento ético-moral cristiano son: 1) que la virtud moral tiene un carácter contextual y consiste en determinar el justo medio entre el exceso y la carencia, que son los extremos. Así que, la virtud es una especie de inter-medio o justo medio; por ejemplo, la valentía es un inter-medio entre la temeridad y la cobardía; 2) La acción moral enfatiza no sólo la naturaleza de nuestras acciones, sino que también se preocupa con sus resultados. No sólo es importante hacer lo correcto sino también contribuir de manera positiva al bien de otros. Al igual que Platón, Aristóteles define al ser humano como un ser social y reconoce que la realización del ser humano, en gran medida, depende de la creación de instituciones sociales, políticas y económicas justas.

Los estoicos y los epicúreos

Estas dos escuelas filosóficas, que existieron poco antes del nacimiento de Jesús, impactaron el pensamiento ético y moral de la sociedad romana y algunas dimensiones del pensamiento ético y moral cristiano.[5] Ambas escuelas son mencionadas en el Nuevo Testamento (Hch. 17:18) como alternas y diferentes al pensamiento de Pablo (aunque Pablo, al igual que otros autores bíblicos, revelan la influencia del pensamiento estoico en su forma de pensar sobre asuntos éticos y morales).

Los estoicos enseñaban que: 1) la creación encarna la naturaleza racional de su creador o Dios; 2) los seres humanos como entes racionales son imagen y semejanza de Dios y, por lo tanto, pueden discernir los principios y leyes que rigen la creación; 3) ya que todos los seres humanos son racionales, entonces son esencialmente iguales, pero la sociedad, como entidad material, es la que nos hace desiguales; 4) el fin de nuestra vida es cultivar nuestra racionalidad y disciplinar nuestras acciones de acuerdo a los principios racionales que rigen al universo.

Para los estoicos, las leyes universales de la naturaleza creada por Dios proveen los criterios necesarios y suficientes para juzgar y evaluar tanto las leyes civiles como la moralidad humana. Así que toda ley verdadera, civil y moral, encarnará y manifestará la ley natural y la racionalidad divina. Y como consecuencia, toda ley o costumbre que contradiga los principios de la ley natural es deficiente, legal y moralmente hablando.

La vida moral está regida por la razón, y es la razón la que nos permite determinar tanto la voluntad para como vivir de acuerdo con las leyes naturales que Dios ha establecido. La vida moral requiere disciplina personal, particularmente cuando confrontamos la adversidad. Esta disciplina principalmente consiste en no dejar que el principio del placer, que rige en el mundo material y sensual, distorsione nuestra naturaleza racional y nuestras opciones y nos lleve a decidir solamente de acuerdo con nuestro interés y sentimientos. Así que el secreto para lograr una buena vida consiste en aprender a querer, o conformarse sólo con aquello que uno ya tiene, y en no codiciar nada más.

Epicuro, por otro lado, aunque no niega la existencia de los dioses, sí considera que éstos están tan lejanos que no hay por qué temerlos o rogarles. Por ello tampoco entiende que la vida tenga significado y propósito. El ser humano es mero accidente y, como criatura natural, no tiene ningún significado más allá de aquel de maximizar el placer y minimizar el dolor. El fin moral del ser humano, o la realización de la vida buena consiste en lograr el placer o, negativamente hablando, evitar el dolor y el sufrimiento. Paradójicamente, los epicúreos optaron por vivir vidas sencillas, disciplinadas y austeras, ya que entendían que los excesos normalmente resultan en dolor y sufrimiento. En su concepción del mundo moral, la virtud suprema era la prudencia o el arte de discernir cuáles medios les permitían maximizar su interés propio, y negaban que la moral implicara la disposición de servir y preocuparse por el interés de otros. En este sentido, su moral era una expresión del egoísmo humano y del auto-interés. Este fue uno de los puntos que totalmente rechazaron tanto el apóstol Pablo como la comunidad cristiana.

No querer sufrir y evitar el dolor, hacía que los epicúreos evitaran las responsabilidades de la vida social, política y militar. Estaban convencidos de que la vida política y social auténtica implicaba tensiones, sacrificio y sufrimiento. Contrario a las enseñanzas de Platón y Aristóteles, para ellos la sociedad no era parte integral de la realización humana, más bien, era sólo un medio de conseguir bienes y servicios para la realización de metas individuales.

El pensamiento griego ha tenido gran influencia sobre cómo reflexionamos éticamente. Fueron los griegos quienes nos proveyeron muchas de las definiciones de los términos básicos de la ética y muchos de los modelos para determinar lo moralmente bueno. Sócrates nos legó la visión de que la buena vida o una vida con significado y propósito implica intencionalidad en la formación de nuestro carácter moral. Platón nos enseñó sobre el deber, sobre nuestra obligación de actuar en base a aquellas acciones cuyas características son buenas en sí. Tales acciones son obligatorias porque corresponden a nuestra necesidad de preservar nuestra integridad como individuos. Aristóteles nos enseñó la importancia de pensar sobre los fines y las consecuencias de nuestras acciones, y apuntó al hecho de que los seres humanos somos criaturas que buscamos completar nuestro ser o nuestra realización plena.

La visión moral cristiana contiene muchas de estas influencias, y es importante reconocerlas. Nuestra moral se preocupa por la calidad de nuestras acciones, por la formación del carácter moral y los motivos de nuestras acciones al igual que con el carácter de nuestras relaciones mutuas. Más que nada, la tradición griega nos deja como legado los elementos básicos que constituyen el punto de vista moral.

La institución moral o el punto de vista moral implica que: 1) uno asume la libertad de acción; 2) uno busca un alto nivel de imparcialidad en el sentido de tomar en cuenta no sólo nuestro interés, sino también en cómo nuestras acciones afectan a todos los que nos rodean; 3) la inclinación a universalizar las reglas que rigen nuestras acciones morales en el sentido de que aquello que creemos moralmente bueno es bueno para todo el mundo; 4) la inclinación a considerar todos los hechos y datos, y de usar conceptos claros; 5) la inclinación a justificar públicamente nuestras opciones morales, a oír las críticas de otros con tolerancia y respeto, y la apertura a reconsiderar nuestros puntos de vista. Todos estos factores son importantes dentro de nuestra tradición religiosa.

NOTAS:

[1] La obra del filósofo Rodolfo Mondolfo nos presenta unos de los mejores análisis del pensamiento filosófico griego. Vea su obra *El Pensamiento Antiguo* (Buenos Aires, Argentina: Lozada 1959). También hay que considerar a Theodor Gomperz, *Pensadores Griegos: Historia de la Filosofía de la Antigüedad* (Guarania Asunción 1959).

[2] Vea la obra de Rodolfo Mondolfo, *Sócrates* (Eudeba, Buenos Aires 1959). También considere a Sauvage, *Sócrates y la conciencia del hombre* (Madrid 1957).

[3] Alexandre Koyre, *Introducción a la lectura de Platón* (Alianza Editorial, Madrid 1966).

[4] David Ross, *Aristóteles* (Editorial Sudamericana, Buenos Aires 1957).

[5] Alfonso Reyes, *La filosofía helenística* (Fondo de Cultura Económica, México 1965).

Capítulo 2
La moral y la ética

En este capítulo examinaremos las características generales de la institución moral. Todos nacemos dentro de sociedades que contienen uno o varios códigos morales. Estos códigos expresan lo que la comunidad entiende como moralmente bueno, es decir, cuáles son las acciones y cualidades del carácter que debemos desarrollar. El propósito de la institución moral es establecer reglas y regulaciones, aunque no siempre escritas, que le ayuden al grupo a organizar y evaluar las relaciones de sus miembros en términos de lo que se considera moralmente bueno y aceptable.[1]

La institución moral asume y afirma el carácter social del ser humano. Desde la perspectiva moral, el ser humano es esencialmente social en el sentido de que la sociedad no sólo provee los recursos y servicios que necesitamos para desarrollar nuestras destrezas y lograr nuestras metas, sino que, a un nivel más significativo y profundo, apunta al hecho de que las relaciones e interacciones sociales son parte integral de nuestra humanización. No podemos lograr y afirmar nuestra humanidad aislados del diálogo y la interacción social. Nuestra humanidad no es producto solamente de nuestro propio esfuerzo, sino también es un regalo que otros nos brindan de acuerdo a la calidad de las relaciones que tenemos con ellos.

La ética es la reflexión sistemática y crítica sobre la práctica moral cotidiana. Su propósito es discernir las normas que nos permiten definir y justificar lo que consideramos como moralmente bueno. En este sentido, la ética es esencialmente teoría. Así pues, la ética examina las reglas, los principios, los ideales, las normas y los valores que le dan carácter concreto a lo que nuestra comunidad —ya sea la política, nuestro grupo social, o la comunidad de la iglesia— entiende como moralmente bueno. Como reflexión crítica, la ética es un ejercicio normativo y no descriptivo. La ética no intenta describir nuestras prácticas morales, sino evaluar si nuestra moral cotidiana es la que debemos seguir. Por tanto, la ética no se preocupa con lo que **es,** sino con lo que **debe ser**.

Debido a esta función normativa, entonces, la ética trata de contestar preguntas como: ¿Qué tipo de persona debo ser? ¿Qué debo hacer o qué acción debo tomar? ¿Cómo debo comportarme y tratar a otros? ¿Qué tipo de sociedad debo crear? ¿Cuáles son los ideales éticos que deben definir la obligación moral? ¿Cuáles son las motivaciones que deben regir nuestras acciones? ¿Cuáles son las virtudes que deben formar nuestro ser? ¿Cuáles son las metas que debemos perseguir y lograr como agentes morales? Estudiamos ética para clarificar nuestro pensamiento sobre las virtudes, los valores y los principios que deben servir de guía para regular nuestras relaciones con otros y para la formación de nuestro carácter.

Aunque en nuestro lenguaje cotidiano usamos los términos *moral* y *ética* indistintamente, debe quedar claro que la moral no es idéntica a la ética. La moral se relaciona más íntimamente con la práctica cotidiana. Su área son los hábitos y costumbres de nuestro diario vivir. La moral tiende a ser más descriptiva que la ética; se preocupa más por las prácticas que actualmente existen y las normas que rigen nuestras relaciones mutuas y no tanto con lo que debe ser. Indica más que propone juicios. La moral consiste en aquellas prácticas cotidianas reguladas por principios y reglas que los miembros de la comunidad reconocen y aceptan como buenas, dignas de nuestra obediencia y como obligatorias en el sentido más estricto de la palabra.

La moral tiene una dimensión conservadora o tradicional y una dimensión progresista o transformadora. La dimensión tradicional nos llama a ser parte integral del sistema moral vigente, sistema que ya ha probado su función y eficiencia para regular nuestras relaciones mutuas. Todo sistema moral usa las instituciones sociales imperantes (la familia, la iglesia, el estado, entre otras) para promulgar, perpetuar su visión moral e integrarnos a ella. Toda sociedad tiene un alto interés en nuestra socialización moral, ya que este proceso contribuye a la perpetuación y estabilidad del orden social y porque afirma la creencia de que su moral en realidad contribuye o es parte integral de una vida buena. Nuestra humanidad está constituida de tal manera que necesita de estabilidad y continuidad para afirmar su integridad. Esta necesidad de asegurar nuestra integridad se da tanto al nivel personal como social de nuestra existencia.

La socialización moral es **posible** y **deseable**, ya que por naturaleza necesitamos relacionarnos con otros entes morales y porque los seres humanos podemos aceptar y actuar a la luz de normas que reconocemos como buenas y obligatorias. La socialización moral es **necesaria** porque, a pesar de nuestra naturaleza social, tenemos muchas inclinaciones anti-sociales y la tendencia a no pensar de qué manera nuestras acciones afectan las posibilidades de vida de quienes viven con nosotros. Es importante reconocer que, si bien es cierto que los grupos dominantes sociales tienen el poder de imponer su visión social, su capacidad para persuadirnos a aceptarla se basa en nuestro reconocimiento de que esta visión moral contribuye a nuestro buen vivir en la compañía de otros.

Aunque es cierto que, en su dimensión conservadora, la moral busca adaptarnos a los valores del grupo social o de la comunidad a la que pertenecemos, la moral también contiene una dimensión progresista o transformadora. Esta dimensión progresista de la moral se fundamenta en el hecho de que el ser humano nunca es el mero producto de su cultura y de los grupos sociales que participan en la formación de su carácter. Todo ser humano es un individuo con una personalidad única y distinta de todos los demás. Nuestro ser y nuestra formación como personas, por tanto, no son el simple resultado de influencias sociales y familiares externas a nuestra elección y conducta. En el sentido más estricto de la frase, nosotros nos damos nuestro carácter, es decir, somos agentes activos y creativos tanto de nuestra propia formación como del mundo social en que vivimos.

Nuestra libertad, que es el corazón de nuestro ser como agentes morales, nos da el poder para determinar quiénes somos y quiénes queremos ser. La libertad nos permite discernir y determinar el significado de nuestra existencia y, lo que es igualmente importante, nos permite actuar en pos de su realización. La libertad nos define como entes trascendentes, es decir, como agentes creadores capaces de trascender y cambiar el mundo social y natural que nos rodea. Como seres trascendentes, nuestra naturaleza nos inclina a cuestionar los límites y a hacer contribuciones a las posibilidades del orden social en que vivimos. Humana y políticamente hablando, esto implica que nuestro medio ambiente no nos determina. La sociedad debe estar organizada de tal manera que le provea a sus miembros con suficientes alternativas y los espacios necesarios para que puedan decidir quiénes quieren ser y cómo han de vivir.

Es parte de la naturaleza del acto moral, como acto creativo, que si bien uno sabe el comienzo y fin de sus acciones, uno nunca puede controlar totalmente los resultados de nuestro actuar. Por ejemplo, nadie pudo predecir que una de las consecuencias de las dos guerras mundiales sería un cambio radical en la función y rol social de la mujer; tampoco nadie pudo predecir que los métodos para controlar la natalidad traerían cambios radicales en las prácticas sexuales de los jóvenes. Cada acto creativo y transformador, por tanto, implica la posible aparición de nuevos problemas y retos. Estos nuevos retos y problemas nos hacen buscar nuevos entendimientos y nuevas soluciones. Esta es la base del cambio moral, ya que la moral busca contribuir a la buena vida y, por tanto, tiene que cambiar según nosotros cambiamos históricamente. La moral es progresiva porque la libertad trae cambios significativos a la manera en que enfrentamos los problemas morales y, por lo tanto, demanda cambios en la respuesta moral. Este carácter progresivo define a la moral como una realidad histórica que cambia y crece en complejidad.

La libertad también implica que tanto en cuestiones morales como en cuestiones religiosas, tenemos que asumir la responsabilidad e intencionalmente hacer un compromiso con las creencias y prácticas que nutren nuestro sentido de lo que es bueno. Nadie nos puede obligar a hacer un compromiso moral, como tampoco nadie nos puede obligar a hacer un compromiso religioso. Nuestros padres y nuestro grupo social nos pueden hacer inclinar la cabeza cuando oramos, ponernos de pie cuando leemos las Escrituras y cuando cantamos, y algunas prácticas semejantes, pero todas estas acciones externas no tendrán significado real hasta que por nosotros mismos confesemos las creencias que regirán nuestra vida moral y religiosa, y hagamos un compromiso de vivir bajo la luz de esas convicciones. Si hemos de realizarnos como entes morales, la libertad tiene que estar acompañada por el compromiso y la responsabilidad personal. Es por esto que la libertad social es tan importante y por lo que la socialización moral requiere que la sociedad cree espacios y ocasiones para nuestra formación como entes autónomos, como entes capaces de actuar a la luz de nuestras convicciones y creencias.

La dimensión progresista de la moral nos alerta a tener la disposición de crear condiciones más favorables que las que existen en nuestro momento presente. Como individuos, y como entes sociales, siempre tenemos que plantearnos la posibilidad de arriesgar lo que sabemos que es bueno para buscar aquello que es aun mejor. Nuestra naturaleza no sólo requiere respeto a nuestra integridad, sino también reconocimiento de que, como seres incompletos, estamos obligados a mejorar nuestro ser.

La dimensión progresista de la moral reconoce que la moral es histórica y, como tal, tiene una dimensión finita y relativa. Los antropólogos y los sociólogos nos han hecho conscientes de la diversidad de posturas y normas morales que existen tanto en nuestra sociedad como en otras sociedades. Esta realidad, de que existe una diversidad de sistemas morales, ha llevado a muchas personas a concluir que la moralidad es producto meramente del esfuerzo humano y esencialmente relativa. Sin embargo, debemos evitar confundir la relatividad moral que es producto de distintas condiciones sociales y culturales, y de distintos niveles de conocimiento, con el reclamo de que todos los valores morales, aun cuando sean opuestos, son igualmente válidos.

Si el relativismo, que alega que todos los sistemas de valores son igualmente válidos, es cierto, entonces no habría razón para tener conversaciones morales, ya que todo se convierte en una cuestión de contexto y práctica cultural. Lo moral se reduce a estadísticas o a la opción de la mayoría. La institución moral asume que, a pesar de que las expresiones culturales sean diversas, los valores morales últimos no son relativos y sí universalmente válidos. La institución moral asume que sí podemos dar razones persuasivas y proveer justificación para nuestras opciones morales y para que se puedan reconocer como válidas y correctas. El diálogo moral es posible porque es posible persuadir de la validez de nuestra visión a quienes tienen una visión moral distinta.

La dimensión progresista de la moral también nos hace conscientes de que nuestros actos morales se basan en motivos internos que son armónicos con nuestras acciones. Cuando alguien nos visita en el hospital, puede que lo haga por un sentido de deber. Sin embargo, el acto es propiamente moral, no sólo porque se hace por un frío sentido del deber, sino también cuando uno lo hace por motivos genuinos, cuando uno quiere brindar compañía y ser solidario con el enfermo.

En resumen, los elementos básicos de la institución moral incluyen: 1) un agente moral libre, 2) inspirado por un motivo moral que se preocupa por otros, 3) que resulta en un acto ético correcto. Una persona es moral cuando libremente actúa de manera correcta por los motivos y razones correctos. El sistema moral consiste en acciones y hábitos cotidianos regulados por principios y reglas que los miembros de la comunidad reconocen como moralmente buenos y, por tanto, como dignos de ser obedecidos en el sentido más estricto de la palabra.

Teorías éticas

¿Cómo determinamos lo que es moralmente bueno? Al presente, las opciones más comunes se han reducido a tres alternativas: la deontológica (la ética del deber), la teleológica (la ética de consecuencias) y la ética relacional (la creación y el mantenimiento de relaciones interpersonales de carácter íntimo y cariñoso). Como veremos más adelante, estas tres alternativas son pertinentes tanto para la ética filosófica como para la ética teológica cristiana. Tal vez un ejemplo, aunque algo abstracto y artificial, nos ayude a entender mejor cada alternativa al examinar algunas de las características principales de cada una de estas maneras de definir lo moralmente bueno.

Imaginen una casa que se está quemando. Las llamas son de tal magnitud que ya no se pueden controlar y la casa está por derrumbarse. Dentro de la casa se encuentra la científica más famosa del mundo (digamos que es la persona que está cerca de encontrar la cura del SIDA) y la mamá de usted. Usted tiene la posibilidad de salvar a una —y sólo a una— de ellas, la otra morirá. ¿A quién salvaría usted y por qué?

La deontología o la ética del deber

La ética del deber (ética deontológica) le da prioridad a nuestras acciones y decisiones, y determina lo que es moralmente bueno en base a las características internas de nuestras acciones. Hay acciones cuyas características internas en sí nos ponen en la obligación de cumplirlas, y estas mismas características son las que las definen como moralmente buenas o malas. Por ejemplo, decir la verdad, hacer lo justo, honrar nuestras promesas; todas éstas son acciones cuyas características internas las definen como buenas en sí. Estas acciones, dada su naturaleza, nos ponen en la obligación de actuar de acuerdo con sus decretos, es decir, todos reconocemos nuestro deber (en el sentido más estricto de la palabra) de decir la verdad, de hacer lo que es justo y cumplir lo que prometemos aun cuando no nos convenga hacerlo. Por el contrario, el asesinar a una persona, el mentir y el ultrajar a una mujer, son acciones malas en sí y, por tanto, es nuestro deber no hacerlas. Así pues, para determinar nuestra obligación y deber moral sólo tenemos que mirar a las cualidades internas de nuestras acciones.

Volviendo al caso de la casa que se está quemando, una persona de inclinación deontológica probablemente optará por salvar a su propia mamá simplemente porque es su madre. Que sea mi madre trae consigo e implica un cúmulo de obligaciones, deberes y responsabilidades mutuas que en sí son buenas. Yo tengo obligaciones y deberes para con mi madre que no tengo con otras personas, deberes que estoy llamado a cumplir aun cuando tenga un compromiso con eliminar el SIDA. Honrar a mi madre es bueno en sí y, por tanto, me pone en la posición de deber. Este deber se expresa en mandamientos bíblicos, en nuestras costumbres sociales, en nuestras características culturales y en nuestra propia conciencia. Todas estas son fuentes que nos enseñan que honrar a la madre es algo bueno en sí y, por tanto, que es mi obligación moral hacerlo.

La deontología, o la ética del deber, busca formular reglas morales que encarnen los principios y valores que se pueden considerar como buenos en sí. En términos generales, es una ética algo conservadora y tradicional. Tiene su foco en el pasado, basándose en la experiencia y la sabiduría de las relaciones comunitarias que nos permiten formular reglas y principios morales que han probado funcionar bien. Como ya lo mencionamos anteriormente, esta ética responde a nuestra necesidad de actuar de formas que respeten tanto la integridad de nuestro ser como la estabilidad de nuestra comunidad.

Como humanos estamos conscientes de que no se nos puede tratar de cualquier manera, sino que hay formas de tratar al ser humano que honran su dignidad. Desde esta perspectiva es importante que a ningún ser humano se le trate solamente como un medio, sino siempre como un fin en sí mismo. Es por esto que la ética del deber, muchas veces, se traduce en el lenguaje de los derechos humanos, porque éstos expresan la manera en que se nos debe tratar para honrar nuestra dignidad. Estos derechos no sólo abogan por la dignidad del individuo, sino que también facilitan y hacen posible la vida en común. Todos queremos vivir y ser miembros de comunidades donde se nos respete y apoye cuando necesitamos ayuda. Cuando uno lee los Diez Mandamientos en la Biblia, uno nota que son reglas que nos honran y que nos ayudan a crear y mantener la vida en comunidad.

La ética teológica o de las consecuencias

A distinción de la ética del deber, la ética de consecuencias define lo que es moralmente bueno y malo, no de acuerdo a las características internas de nuestras acciones, sino de acuerdo a las consecuencias o resultados de nuestras acciones. Los resultados o fines que queremos lograr es lo que determinará si la acción es buena o mala. La pregunta moral básica es: ¿Qué es lo que quiero lograr, o cuál es el fin que busco a través de mis acciones? Si mis acciones logran el fin que se busca, son moralmente buenas. Si no lo logran, entonces son moralmente malas. La acción moral, por tanto, no es un fin en sí mismo, sino más bien, un medio que nos ayuda a lograr nuestro objetivo o propósito.

Los que adoptan este punto de vista han sugerido variadas y muy distintas metas o fines para evaluar la moralidad de nuestras acciones. Para algunos, como los estoicos que ya mencionamos anteriormente, el fin moral debe ser el placer o evitar el dolor. Otros alegan que el fin debe ser la utilidad o lo que trae el mayor beneficio a la mayoría de las personas. Otros sugieren la sabiduría, la formación moral, o incluso la perfección religiosa. Para otros, es la vida de compromiso con la justicia, para otros la riqueza, y para otros es la vida deportiva. Como ven, los fines que definen la moralidad teleológica son infinitos. Lo que todos tienen en común es que lo bueno se define de acuerdo a la meta o consecuencia que se persigue.

Volviendo a nuestra casa en llamas, aquellas personas que decidan salvar a la científica en vez de salvar a su propia madre, con gran probabilidad justificarán su acción de acuerdo a los beneficios que la científica pueda traer a nuestra sociedad. Si la científica nos libra del SIDA, muchas son las personas que gozarán una vida más plena con sus hijos e hijas, se podrán emplear más recursos médicos para cuidar a otras personas, y se podrán invertir otros recursos financieros para mejorar otros problemas como reducir el crimen, proveer comida y vivienda a los necesitados o mejorar la calidad de nuestro medio ambiente.

Mientras la ética del deber mira al pasado, trata de honrar las relaciones que hemos establecido y lo que nuestra comunidad y cultura nos dicen que es de valor, la ética de la consecuencia mira hacia el futuro y busca mejorar nuestra condición. Como mencionamos, la ética de consecuencias responde a esa parte de nuestro ser que busca mejorar o completar su realización. Todos reconocemos que somos seres incompletos, que tenemos talentos y destrezas, al igual que sueños y ambiciones que queremos realizar.

Es importante reconocer que tanto la ética del deber como la ética de las consecuencias tienen pertinencia y validez moral. Decir la verdad es bueno, pero si la verdad ayuda a otra persona a obtener un arma de fuego para asesinar a tu mejor amigo, por supuesto que no. Por tanto, no sólo tenemos el deber de hacer lo que es bueno, sino que también tenemos que considerar cuáles son las posibles consecuencias de nuestras acciones y cómo éstas afectan las posibilidades de vida de los otros. De la misma manera, la intención de lograr un fin benéfico para la comunidad, digamos aumentar la justicia, no justifica actos inmorales como torturar a algunos o esclavizar a un sector de la sociedad para lograrla. El fin no siempre justifica el medio. Tenemos que evaluar la moralidad no sólo de nuestros fines sino también de los medios que usamos para lograr nuestros fines. Un mismo fin se puede lograr usando medios morales o medios inmorales, el fin no borra la distinción de los medios que se usan, y es importante que el medio encarne la moralidad del fin que se busca.

La ética de relaciones

La ética de relaciones sostiene que ni las características internas de nuestras acciones, ni sus consecuencias son las que determinan la moralidad de nuestras acciones. Más bien, la moralidad de nuestras acciones consiste en expresiones personales de amor, solidaridad y cariño mutuo. Lo moralmente bueno se determina de acuerdo a la manera en que nuestras acciones reconocen y fomentan el respeto a la dignidad y el mutuo reconocimiento y la integración con otros.

Dentro de esta perspectiva, tenemos que actuar con un claro sentido de nuestra responsabilidad hacia los demás y de nuestra responsabilidad para crear y mantener relaciones con otros. Las decisiones morales no se deben tomar de antemano, sino a la luz del contexto total en que actuamos y en particular en base a las relaciones particulares que enmarcan nuestra existencia. El núcleo siempre es el individuo y su situación. Lo que nos lleva a actuar es nuestro compromiso e intención amorosa hacia los otros. Lo que nos lleva a no actuar es que esa acción violaría nuestros sentimientos, en particular nuestro sentido del amor.

Volviendo a nuestro desastre, la casa que se está quemando, la ética de la relación establecería que no podemos decidir de ante mano a quién salvar. Esa decisión, en principio, niega la dignidad a una de las potenciales víctimas. Por supuesto, existe una inclinación muy fuerte para tratar de salvar a nuestra madre. Nuestra historia y relaciones amorosas con ella sostienen esta inclinación. A la misma vez, la relación de amor con nuestra madre no debe, en principio, excluir a la científica. Al contrario, el amor familiar debe ser un medio y un estímulo para reconocer la dignidad, el valor y nuestra obligación hacia la científica (en términos bíblicos es la obligación hacia los «extranjeros»). ¿Que hacer? Tal vez salvar a la primera persona que encontremos. De esta forma, el valor, dignidad e igualdad absoluta de ambas personas se afirman de manera radical.

Una sociedad que se compromete a institucionalizar el principio de respetar la igualdad y de reconocer el valor de cada uno de sus individuos es justa en el sentido de que le provee a todos sus miembros la seguridad de que sus intereses y bienestar recibirán igual consideración. Lo que no se puede hacer es sacrificar la vida de la científica (si era posible salvarla) por ver si podemos salvar a nuestra madre, o arriesgar la vida de nuestra madre (cuando se podía salvarla) para salvar a la científica que también tiene valor en sí y que puede ayudar a resolver serios problemas sociales.

La ética cristiana integra los modelos deontológico, teleológico y relacional que hemos examinado. La alternativa del deber se ve en los Diez Mandamientos, la regla de oro, el amar a Dios sobre todas las cosas y a otros como a uno mismo, y otros códigos de índole religioso que tienen un carácter deontológico. La alternativa teleológica se encuentra en todos aquellos pasajes que nos animan a buscar y actuar a la luz del reino de Dios. La alternativa relacional se encuentra en todos los pasajes bíblicos donde la comunidad de fe actúa o trata de responder a lo que ella entiende que Dios está haciendo en medio de ellos (su contexto).

La ética cristiana y la ética secular

Tratemos de definir cuáles son los fundamentos o bases, las metas y las guías de la ética cristiana. Comencemos considerando la siguiente pregunta: ¿Qué diferencias existen entre la ética cristiana y la ética secular? Esta pregunta ha recibido varias respuestas tanto dentro como fuera de la comunidad de fe. Algunos alegan que las diferencias que existen entre la ética cristiana y la ética secular no son significativas, ya que nuestra ética cotidiana se ha desarrollado bajo la influencia del movimiento cristiano. En el otro extremo, hay quienes insisten en que no puede existir ninguna relación significativa entre estas dos éticas, ya que la ética secular es racional y la ética cristiana se basa exclusivamente en la revelación e inspiración divina. Podemos señalar tres posiciones diferentes sobre la relación entre la ética cristiana y la ética filosófica secular.

Eliminación. Muchos autores seculares y religiosos postulan que es preferible vivir bajo la soberanía de una sola ética y que, por tanto, debemos eliminar ya sea la ética cristiana o la ética filosófica secular. Algunos pensadores y filósofos seculares quieren eliminar la ética cristiana, porque dicen que ésta tiende a colocar lo espiritual sobre lo material a tal punto que no se preocupa por los retos concretos que nos afectan en esta vida; que su compromiso con la vida del reino de Dios hace a los cristianos moralmente irresponsables en nuestra vida histórica; que los cristianos demuestran apatía y desdén por este mundo y que justifican, o no resisten, las muchas injusticias que actualmente se nos infligen.

Algunos teólogos quieren eliminar la ética filosófica porque no pueden acomodar la revelación de Dios en ella; porque es radicalmente relativa y basada en el interés propio; y porque esa ética valora lo material a tal punto que no reconoce la centralidad de los valores espirituales. En ambos casos, una de estas éticas se ve como carente de valor, o como inválida, innecesaria y esencialmente distorsionada.

Absorción. Esta alterativa argumenta que existe una gran afinidad entre la ética filosófica y la ética cristiana a tal punto que es posible incorporar la una a la otra. Siendo este el caso, no hay que mantener una ética cristiana aparte o distinta de la ética filosófica ya que ambas proponen lo mismo. Otros dicen que, a pesar de la gran afinidad que existe entre la ética cristiana y la ética filosófica, todavía existe una diferencia significativa entre ellas. Desde este punto de vista, la ética cristiana es la forma más alta y pura de toda ética.

Suplemental. Aquí ambas éticas son independientes y a la misma vez esenciales a la tarea del pensamiento ético. La ética cristiana provee recursos que completan y mejoran lo que la ética filosófica nos brinda. Esta última alternativa me parece la más apropiada. A mi parecer, ambas éticas existen en tensión la una con la otra, y aunque mantienen su identidad propia, en última instancia se complementan en el sentido de que ambas contribuyen a la buena vida.

La ética filosófica se fundamenta en la razón y en la persuasión racional que, en principio, es accesible a todos los seres humanos. Trata de identificar el tipo de vida que vale la pena vivir, y examina y articula normas para darle dirección a nuestras acciones. La ética cristiana tiene un fin similar; pero se distingue por ser reflexión sobre la conducta, el carácter y las motivaciones humanas a la luz de la naturaleza y acciones de Dios. La ética cristiana depende y usa los recursos racionales que están a su disposición, pero, más allá de la racionalidad, apela a la revelación de las Escrituras, la tradición de la iglesia y la experiencia humana. Para la ética cristiana, todos estos recursos sirven para obedecer, perseguir y responder a la voluntad de Dios como el fin supremo de nuestra existencia.

De manera más específica, la ética cristiana se fundamenta en la revelación de Dios según se da en Jesús de Nazaret, y hace de la figura y obra de Jesús el patrón a seguir. La ética cristiana es el estudio y práctica de las bases, metas y las guías para la conducta y carácter humano según éstas se determinan por la voluntad de Dios, como fueron reveladas en Jesús de Nazaret, e inspiradas por el Espíritu Santo.

En resumen, la distinción básica entre la ética cristiana y la filosófica es que la ética cristiana se centra en Dios y la revelación divina, y no sólo en la razón humana. El problema humano no es la ignorancia que se puede solucionar por medio de impartir conocimientos o logrando reformas sociales. El problema humano es más bien el pecado, el querer hacerse el centro de atención, y la única solución al pecado es la gracia divina. Nuestras obligaciones morales, como cristianos, se fundamentan en lo que Dios por gracia ha hecho por nosotros, y en que nos da poder para realizarlas por nosotros mismos.

Fundamentos, metas y guías de la ética cristiana

La ética cristiana encuentra su **fundamento** en convicciones teológicas sobre Dios, la naturaleza, y la condición humana y de la sociedad. Estos postulados teológicos le proveen al cristiano los elementos esenciales para su visión de lo que constituye una vida buena. Entre estas convicciones teológicas se encuentran los siguientes postulados:

1. La personalidad de Dios es esencialmente moral y nos invita o llama a actuar de manera que corresponda a su carácter y fines morales.

2. El ser humano ha sido creado libre y tiene la capacidad para la responsabilidad moral. La inmoralidad es parte integral de nuestro

pecado y nuestra inclinación de resistir y oponernos a la voluntad de Dios. A pesar del pecado, como todas las criaturas de Dios, somos esencialmente buenos. El pecado, que distorsiona nuestra naturaleza de ser la imagen de Dios, se puede eliminar a través de nuestra unión con Jesús el Cristo (Col. 3:10).

3. Aunque la Biblia no es la única manera en que Dios se nos revela, ésta es y provee la fuente más clara y autoritaria sobre la naturaleza y la voluntad de Dios que provee guías morales para la comunidad de fe.

4. Jesús es la revelación última y más completa de la naturaleza y voluntad de Dios. La vida y acciones de Jesús proveen las normas, la visión y los principios por los cuales se juzgan nuestras acciones, nuestro carácter, nuestros motivos y todos los valores éticos.

5. La vida cristiana tiene una dimensión ética inevitable. La conversión al cristianismo implica, entre otras cosas, un compromiso moral. El compromiso espiritual con Jesús también conlleva acciones y actitudes externas que exhiben esta conversión de manera externa y pública.

6. La iglesia tiene como su primera responsabilidad proclamar las buenas nuevas del evangelio. Esta proclamación tiene una dimensión práctica moral que no sólo es personal, sino también comunitaria y social. La iglesia, por tanto, está llamada a ser sal y luz del mundo, y tiene que ejercer su influencia en el mundo social al igual que en la vida personal de sus creyentes. El ministerio social de la iglesia es parte de lo que significa ser la sal de la tierra.

7. El Espíritu Santo está presente y activo en la vida del cristiano. Esta presencia se manifiesta en la vida espiritual y la vida moral cotidiana del creyente. El Espíritu Santo se manifiesta como el poder que motiva al cristiano a vivir moralmente no sólo en espíritu, sino también en el cuerpo (1 Co. 6:19-20).

Hemos visto que uno de los propósitos principales de la ética es definir el bien supremo que le da significado a la vida, y, a la luz de esta definición o visión, busca formular normas y principios de acción que permitan realizarlo. Tres **metas** han dominado la ética y moral cristiana:

1. Algunos definen y entienden la meta de la ética cristiana en términos teleológicos. La pregunta central es: ¿Cuál es, o deben ser, los fines que debemos realizar en nuestra vida? La participación en la creación del reino de Dios, la contemplación de Dios, la perfección moral o religiosa, la vida simple y contemplativa en busca del

desarrollo espiritual y el servicio a los pobres se encuentran entre los fines que se han propuesto que debemos seguir.

2. Otros definen la meta de manera deontológica. Se preguntan cuáles son los deberes o las obligaciones que estamos llamados a cumplir. Para estos cristianos, la virtud principal es la obediencia. Ellos entienden la vida moral en términos de principios y reglas que toman el carácter de leyes. Aun hoy día el legalismo es una forma común de expresar la vida moral. Otros nos llaman a obedecer principios más generales como los principios bíblicos del amor y la justicia.

3. Otros entienden la meta moral en términos de relaciones o respuestas a las acciones de Dios. La pregunta moral básica es: Dadas mis circunstancias sociales e históricas en que estoy llamado a actuar, ¿qué es lo que estoy llamado a hacer? Desde esta perspectiva, se tiene que analizar y discernir lo que Dios está haciendo en el mundo en este momento y tratar de adaptar las acciones para que correspondan o armonicen con las acciones de Dios.

La ética bíblica contiene ejemplos de estas tres alternativas éticas. La ética legalista, o de obediencia moral, se encuentra en los mandamientos del Antiguo Testamento y en las enseñanzas del apóstol Pablo. La ética de consecuencia, o fines, encuentra expresión en el libro de los Proverbios y en las enseñanzas de Jesús sobre el reino de Dios. La ética de relación se encuentra a través de toda la Biblia, principalmente en aquellos escritos que tratan el tema del amor y de la intención de crear comunidad. Así que, toda ética cristiana genuina incluye estos tres aspectos: la obligación de hacer la voluntad de Dios, el fin o intención de contribuir al establecimiento del reino de Dios y el establecimiento de relaciones de amor y cariño con Dios y con nuestros vecinos.

¿De dónde derivan sus guías morales los cristianos? Se presentan varias alternativas en nuestra tradición:

1. Algunos encuentran la autoridad moral en el interior de su ser. Confían en sus intuiciones, que definen como claras y evidentes para todos los creyentes. Su intuición les revela una moralidad innata que les permite discernir qué es lo que Dios quiere y espera de ellos. Así que dependen de los dictados de su conciencia y que consideran como inspirada por Dios, el Espíritu Santo.

2. Otros apuntan a la tradición de la iglesia a la que pertenecen y al pensamiento de sus teólogos y pensadores más prominentes. Estos pensadores son los guardianes de la tradición de la fe y los que preservan la sabiduría moral de nuestra comunidad religiosa.

Desde esta perspectiva, la tradición es el recurso primordial que sirve como guía para determinar nuestro comportamiento ético-moral. Los tradicionalistas alegan que se deben conservar e imitar las acciones y prácticas morales que han probado su utilidad y que han servido como guías de la comunidad durante períodos prolongados. No niegan que se den cambios sociales e históricos, pero enfatizan que no todos ellos son moralmente significativos y que la conducta moral tiene mucha continuidad histórica.

3. La ley natural es otro recurso que ha servido como guía moral dentro de la comunidad cristiana. La naturaleza, como parte de la creación de Dios, nos indica cómo debemos comportarnos. Hay leyes de comportamiento que están escritas o que son parte integral del orden natural. Reflexionando sobre la naturaleza, incluyendo la naturaleza humana, podemos descubrir los fines generales y específicos para los cuales fuimos creados. Algunos alegan que necesitamos la gracia de Dios para discernir correctamente la ley natural, mientras que otros dicen que nuestra autonomía racional no necesita de la gracia para determinar los fines propios de las cosas incluyendo en ello nuestros propios fines morales.

4. Otros dependen principalmente de la revelación bíblica para discernir las guías para la conducta moral. Dios ha revelado sus propósitos a través de las leyes o mandamientos bíblicos, los profetas, y la vida de Jesús (Heb. 1:1-2). La Biblia es la guía principal e indispensable porque a través de toda su historia la comunidad cristiana la identifica como la mejor fuente, y la más clara, de la revelación de Dios.

Cada vez más, los cristianos están considerando que cuatro fuentes son indispensables para la reflexión y autoridad moral: las Escrituras, la tradición de la iglesia, la razón y la experiencia. Aunque la Biblia tiene un lugar prominente, se reconoce que no es la única fuente de autoridad. Además de estas fuentes de autoridad, la comunidad cristiana también enfatiza la práctica disciplinada de la oración y la presencia del Espíritu Santo como recursos morales y éticos.

NOTAS

[1] Entre las obras que elaboran sobre la manera en que los hispanos en los Estados Unidos hacemos análisis éticos, vea las obras de Ada María Isasi-Díaz, *Mujerista Theology* (Maryknoll, New York: Orbis Books, 1996); Ismael García, *Dignidad: Ethics Through Hispanic Eyes* (Nashville, Abingdon Press, 1997); Eldin Villafañe, *The Liberating Spirit* (New York: Univ. Press of America, 1992), disponible en español.

Capítulo 3
La Biblia y la ética cristiana

El carácter y la autoridad ética de la Biblia

La Biblia nunca hace una distinción radical entre lo propiamente religioso y lo propiamente moral.[1] Los mandamientos definen nuestros deberes para con Dios y nuestros deberes hacia el prójimo. Los mandamientos dejan claro que amar a Dios necesariamente implica amar al prójimo. Esta es la razón por la cual Jesús siempre nos recuerda que la ley fundamental de la vida es la que nos llama a amar a Dios sobre todas las cosas y a amarnos los unos a los otros. Ambos mandamientos se ven como esencialmente relacionados. En nuestra tradición bíblica, la fe está íntimamente integrada a la moral. La fe y la moral provienen de la misma fuente, son dos dimensiones de la misma virtud y no se puede tener la una sin la otra.

Entre los temas centrales y distintivos de la revelación bíblica se encuentra el de la naturaleza moral de Dios. El Dios bíblico es justo, fiel a su pacto con nosotros, persistente en su misericordia, además de que nos ama y nos llama a ser justos y a amar a nuestro prójimo. La gracia de Dios nos alienta y nos permite ser amorosos, misericordiosos y justos tal como Dios lo es. Dios nos llama a que tratemos al otro como Dios mismo lo considera y trata. De ahí que el tema de la imitación de Dios haya dominado gran parte del pensamiento ético moral de las iglesias cristianas. Para nosotros los cristianos, Cristo es la revelación suprema de la naturaleza moral de Dios y, por tanto, en el ámbito moral, los cristianos estamos llamados a imitar a Cristo.

Son muy pocos los creyentes hoy día que dicen que la Biblia sea la única autoridad en cuestiones éticas y morales. La historia del cristianismo nos demuestra que la Biblia nunca ha sido la única fuente de autoridad en cuestiones morales y éticas, ni la única para discernir la voluntad de Dios. Todos los cristianos, sin embargo, afirman que la Biblia tiene una posición privilegiada en cuanto a definir asuntos religiosos y éticos. La Biblia no sólo es una fuente entre otras tantas fuentes, sino que tiene prioridad normativa. Para los que enfatizamos la autoridad bíblica, es importante recordar dos puntos teológicamente importantes: en primer lugar, que toda autoridad, incluyendo la autoridad bíblica, proviene de Dios. Nuestro respeto por los textos bíblicos no nos debe llevar a la idolatría bíblica o a tratar de substituir a la Biblia por Dios. La Biblia es la palabra privilegiada de Dios, pero no es Dios. Así, llegamos a concluir que, aunque la Biblia es la principal fuente de la revelación de Dios, nunca debemos confundir el medio de revelación (Biblia) con Dios, que es el sujeto de la revelación divina.

Cada vez más estamos reconociendo que necesitamos la ayuda de muchos otros recursos, aparte de la Biblia, para analizar nuestro contexto social y para discernir nuestras responsabilidades éticas. Las ciencias naturales y las ciencias humanas —entre ellas la sociología, la antropología, la economía, la política y la psicología— nos proveen recursos que son indispensables para lograr entender la totalidad del contexto donde estamos llamados a actuar moralmente.

Un recurso indispensable que recientemente la comunidad religiosa ha recobrado para el discernimiento ético es la presencia y la inspiración del Espíritu Santo. El Espíritu Santo es la fuente interna, tanto de la comunidad de fe como de los individuos que la forman, que nos inspira a buscar y conocer la verdad y la voluntad de Dios, donde está incluida la voluntad y la verdad moral. El Espíritu Santo es la luz interna, el consejero interno, tanto para nuestra conciencia como para los diálogos que se dan dentro de nuestra comunidad.

Otro recurso importante, y en cierta medida inevitable, de sabiduría ética y moral es la tradición de la iglesia cristiana. Recordemos que, en gran medida, la Biblia es el libro de la iglesia y su autoridad, en parte, es la autoridad que le brinda la iglesia. La Biblia siempre ha sido interpretada por la iglesia, lo que define a la iglesia como una comunidad de interpretación, o hermenéutica que, entre otras cosas, también interpreta y aplica la sabiduría ética de la Biblia a nuestro diario vivir. Las experiencias que han vivido y los esfuerzos que han hecho nuestras denominaciones y comunidades de fe en cuanto a cuestiones morales, nos proveen un marco de referencia moral muy útil. Por un lado, muchos de los problemas que confrontamos hoy día ya fueron tratados por los padres y madres de la iglesia. Necesitamos conocer esta tradición para acordarnos de los parámetros que son moralmente pertinentes a la comunidad de fe. No tenemos y no debemos «inventar la rueda» otra vez, especialmente cuando ya muchas cosas se han considerado con anterioridad. Por éstas, y otras razones similares, la tradición de la iglesia debe informar nuestra reflexión ética y acción moral. Lo que no debemos hacer es usar la tradición de reflexión ética y moral de nuestra iglesia como una excusa para no considerar elementos distintos y nuevos en los retos morales que ahora sí implican una diferencia moral y que necesitan un ajuste significativo en nuestra acción personal y colectiva. Tenemos que recordar que incluso las Escrituras nos demuestran cómo Dios habla a través de otras personas y también de nuestras comunidades contemporáneas.

Ademas de la iglesia, la tradición teológica también es parte integral de nuestra herencia moral. La manera en que entendemos y explicamos la naturaleza de Dios, las acciones de Dios en nuestro medio y las implicaciones de estos entendimientos para nuestro diario vivir, es lo que le da integridad y continuidad a nuestra vida moral y religiosa.

La razón y la experiencia personal, en el sentido más amplio de la palabra, también son fuentes de sabiduría ética. Es Dios quien inspira nuestros pensamientos y esfuerzos para discernir su voluntad y propósito. Nuestra experiencia encarna y es afectada por nuestra experiencia con Dios.

Todas estas fuentes o recursos para la reflexión ética y la práctica moral (la Biblia, las ciencias sociales y naturales, la tradición de la iglesia, la experiencia personal y nuestra capacidad racional filosófica y teológica) nos ayudan a determinar qué es lo que debemos hacer. Estas fuentes, sin embargo, se deben evaluar a la luz de la revelación bíblica y, a su vez, nuestra lectura bíblica se hará más rica por los retos y visión que nos proveen estas diferentes fuentes de reflexión humana.

El privilegiado estatus que gozan las Sagradas Escrituras dentro de la comunidad cristiana es apropiado, ya que las Escrituras son una colección de textos (66) escritos durante el transcurso de miles de años, y que narran la historia de cómo el pueblo de Dios, en distintos tiempos, bajo diferentes circunstancias, frente a distintos retos, trata de ser fiel a los propósitos de Dios. Para los cristianos, el Nuevo Testamento nos relata, antes que nada, la preocupación ética de las comunidades cristianas primitivas. Para nosotros, los textos del Nuevo Testamento constituyen la más temprana expresión del pensar cristiano y del comienzo de nuestra tradición moral.

Las Sagradas Escrituras nos proveen innumerables y variados ejemplos de cómo se forma el carácter moral, y nos proveen valores, reglas y principios morales que todavía hoy, una vez hechos los ajustes necesarios, son pertinentes. Dada esta larga y compleja jornada histórica, no nos debe sorprender que estos textos presenten un gran número y variedad de recursos para la reflexión éticomoral.

Las implicaciones de la autoridad e interpretación bíblica en asuntos de índole moral y ética son complejas y ameritan nuestra más cuidadosa atención. Es esencial que en nuestro estudio e interpretación de la Biblia tomemos en cuenta todo el canon bíblico y no sólo pasajes individuales. Todo pasaje o sección individual se tiene que leer en relación a la totalidad de las Sagradas Escrituras. Para que la Biblia nos sea útil como guía moral, es importante determinar un tema central o unificador que nos permita discriminar entre, y organizar, la diversidad de perspectivas que ahí se encuentran. Nuestra tradición le ha dado unidad temática a las Escrituras por lo menos de tres maneras distintas: una es simplemente imponerle unidad de manera arbitraria y negar que haya diversidad de teologías y visiones éticas en ella. Esta alternativa rehúsa explicar la obvia diversidad y, por tanto, su capacidad de persuasión es muy baja. Otra alternativa ha sido seleccionar un tema bíblico (por ejemplo, la gracia, el pacto, la santificación, el reino de Dios) y usarlo como el filtro interpretativo de todas las Escrituras. El peligro con esta alternativa es que no le prestamos suficiente atención a los temas que contradicen o que son radicalmente distintos al tema central que hemos establecido como el parámetro de interpretación. A mi parecer, la alternativa más prudente es reconocer y aceptar las diversas tensiones que se presentan en las Escrituras sobre varios de sus temas centrales y hacer de ellas la ocasión para la reflexión moral.

Entre las tensiones importantes en el uso bíblico para la reflexión ética, al menos debemos señalar seis. La primera tiene que ver con la base del conocimiento de los valores, principios y modelos éticos: ¿Son producto de la revelación divina o de la razón humana? Todo parece indicar que son producto de ambas, tanto de la revelación como de la razón. Las Escrituras nos hablan de dos tipos de revelación. Una es la **revelación especial** de Dios que se da cuando Dios le habla directamente a su pueblo o a uno de sus representantes y, por supuesto, nosotros vemos a Cristo como la revelación especial más plena de Dios para la humanidad. Las Escrituras también nos hablan de la **revelación general** a la cual todo ser humano tiene acceso. Desde esta perspectiva, la revelación de Dios está escrita en nuestro corazón, en el orden natural y en algunas experiencias humanas que nos dicen lo que Dios quiere y espera de nosotros. La Biblia también nos demuestra cómo los apóstoles usan los mejores recursos racionales a su disposición (por ejemplo, Pablo y Juan utilizan lo mejor del pensamiento estoico helénico) para predicar las buenas nuevas de Jesús y para convencer a los no cristianos de las verdades morales y religiosas del cristianismo. Así pues, la ética cristiana debe usar tanto las Escrituras, como revelación de Dios, al igual que los mejores productos de la razón humana como la filosofía, la sociología, la psicología y la antropología, entre otras más.

La segunda tensión importante para la reflexión moral cristina es la tensión entre el valor de la vida material y el de la vida espiritual. Claramente, Jesús se preocupa por el bienestar material de los pobres, los enfermos, los ciegos y los hambrientos. La afirmación del mundo material se da cuando Dios nos dice que su creación es buena; y la afirmación definitiva de lo material se da en el momento en que Dios se hace carne. La apatía por el bienestar material de la humanidad es, por tanto, contraria a la voluntad de Dios y una transgresión moral de primer orden. Por otro lado, las Escrituras dejan claro que el bienestar material no es un fin en sí, sino solamente un medio para la promoción de los valores espirituales. Hay valores que trascienden lo material. En este sentido la Biblia nos revela el peligro de que el bienestar material se convierta en nuestro dios, o que se convierta en una ocasión para olvidarnos de Dios. De acuerdo con las Escrituras, el ser humano necesita tener recursos materiales para existir y para desarrollarse como persona, pero esto no quiere decir que el sentido de nuestra existencia se agote en la actividad de producir y acumular riquezas. Nuestra atención debe centrarse en las causas que buscan el bienestar material de todos, pero sólo como un medio para promover su fin espiritual. La ética cristiana tiene que responder y relacionar estas dos dimensiones.

La tercera tensión ética se da entre la necesidad de mantener nuestra identidad cristiana junto con los valores morales propios de nuestra religiosidad y el ser parte de la creación total de Dios. Las Escrituras dejan claro que todo pueblo escogido es finito, con necesidades limitadas. Por lo tanto, es claro que el pueblo escogido no puede asumir que por sí mismo agota la revelación y los propósitos de Dios. El pueblo escogido tiene que reconocer que no controla a Dios, sino que es Dios quien define los propósitos del pueblo. Las Escrituras también dejan claro que el fin del pueblo escogido es ser una bendición para todas las naciones, que ser escogidos precisamente tiene un propósito universal. Dios se manifiesta, ama y se preocupa por todos los pueblos. Es por esto que Pablo acepta a los gentiles, una acción que violaba las enseñanzas del Antiguo Testamento, y permite que mantengan su identidad cultural y que desde allí contribuyan a la formación de la vida cristiana. Todos los pueblos, por tanto, tienen contribuciones que hacer a la formación del pensar ético. No sólo enseñamos, sino que también aprendemos de la sabiduría de otros pueblos.

La cuarta tensión ética es entre la gracia y la ley. ¿Cuáles son los fundamentos de nuestra salvación, la gracia o la disciplina moral? Las Escrituras nos dicen que ambas son pertinentes. La moralidad, en el mensaje bíblico, se ve como parte integral de la vida de quienes reciben la gracia de Dios. Dios rechaza a los injustos, a quienes violan la ley y conducta moral. A la vez, el amor de Dios se manifiesta precisamente al aceptar a quienes son inmorales y perversos. Sin embargo, aunque la gracia de Dios antecede a nuestros méritos morales, no podemos justificar la inmoralidad, y la falta de disciplina moral, basándonos en la doctrina de la gracia. No podemos dejar que la teología justifique la inmoralidad o la dejadez moral. Al mismo tiempo, tenemos que reconocer que no son nuestras obras las que nos justifican, sino el amor de Dios que nos redime. En nuestra reflexión y quehacer moral tenemos que mantener conciencia de esta tensión central al pensamiento cristiano.

La quinta tensión se da entre el principio ético del amor que es central al pensamiento y ser cristiano y la necesidad de usar medios de coerción para defendernos, mantener y lograr fines morales. El amor y la confianza en Dios, como el medio de lograr fines morales, domina en la perspectiva bíblica, en particular en el Nuevo Testamento. Ahí se resaltan los temas de la no violencia, de no resistir al mal, del amor al enemigo, y demuestran desconfianza con el uso de la violencia y medios de coerción para resolver problemas morales. Es importante notar, sin embargo, que el Nuevo Testamento brega mínimamente con asuntos de coerción social. Esto se debe en gran medida a que la comunidad cristiana, en el momento que se escriben los textos bíblicos, es una comunidad marginada y pequeña que ejerce mínima influencia política. El foco principal de los textos del Nuevo Testamento son las relaciones interpersonales y no las políticas. A pesar de esto, el Nuevo Testamento sí trata el tema de la obediencia al estado, la participación en el ejército y en la policía.

En términos generales, los autores del Nuevo Testamento, con la excepción del apóstol Juan, reconocen y afirman la legitimidad y autoridad del estado político (aun del estado romano), que monopoliza los medios de coerción social y la función del soldado y de la policía. Se exhorta a la comunidad de fe a obedecer estas instituciones, y a los soldados y policía se les exhorta a no abusar de su poder.

En el Antiguo Testamento muchos textos legitiman el uso de la violencia para lograr fines morales. Recordemos que el pueblo hebreo tiene responsabilidad con la creación y el mantenimiento de una comunidad política. Tiene la responsabilidad no sólo de proteger a la nación, sino también de establecer relaciones con otros estados. El Antiguo Testamento deja claro que la protección y promoción de la justicia también requiere el uso de la violencia. Sin embargo, amerita recordar que el pueblo hebreo demostró oposición a la creación de la monarquía porque violaba el principio de confiar en Dios para asuntos de justicia y moralidad. Aunque reconocían la necesidad de líderes políticos, sabían que éstos abusarían su poder y que actuarían violando los decretos y propósitos de Dios.

En ambos testamentos parece haber un sentido de que el problema real no es la violencia o la no violencia, sino más bien sobre quién debe gobernar, cómo elegirlo, y cuál será la responsabilidad del gobernante y cuál la del ciudadano. El estado y su intención de justicia existe en tensión con el compromiso del amor y la paz, y ambos se afirman como éticamente importantes. El Nuevo Testamento, con su visión del siervo sufriente, le da prioridad al amor y la paz y sospecha del uso de la coerción y la violencia.

La sexta tensión se da entre la afirmación de que hay diferencia en el estatus social y el concepto de igualdad. Tanto en el Antiguo como en el Nuevo Testamento, encontramos que Dios y Jesús aceptan y se relacionan con los ricos. La diferencia de estatus, de poder y riqueza, se ve como una realidad social inevitable. A la vez, los textos bíblicos hacen clara la tendencia a la igualdad social. La falta de igualdad ofende a Dios. Estamos llamados a compartir de manera generosa las cosas que tenemos con los que tienen menos, con los necesitados.

Todas estas tensiones implican que nuestras acciones morales se tienen que dar en el contexto de conversaciones con miembros de la comunidad de fe. También implican que necesitamos conversar con personas que no son miembros de la comunidad de fe pero que nos pueden proveer recursos importantes para hacer decisiones morales responsables. Estas tensiones también dejan claro que Dios se revela tanto de manera directa como de manera indirecta. Es por esto que estamos llamados a prestar atención a lo que está ocurriendo en el mundo, ya que Dios se manifiesta a través de personas y eventos históricos y no sólo a través de su Palabra. Igualmente importante para nosotros es que la Biblia aclara que Dios no se comunica sola, o principalmente, con expertos, sino más bien con toda la humanidad. En otras palabras, la Biblia afirma nuestra igualdad como agentes morales y religiosos; es decir, como personas capaces de asumir responsabilidad tanto religiosa como moral. La Biblia también es relevante para la ética y nos da ejemplos de las muchas maneras en que el pueblo de Dios trata de ser fiel a los propósitos divinos. Es así como resalta la importancia de que el pueblo de Dios debe ser original y creativo en sus respuestas morales para el tiempo en que le ha tocado vivir.

En nuestra vida, si nuestros actos y decisiones morales van a estar dentro de los parámetros y las tensiones que nos presentan las Sagradas Escrituras, debemos constantemente hacernos la pregunta sobre cómo los mandamientos bíblicos, la vida de los personajes y héroes bíblicos (con todas sus virtudes y fallas), las enseñanzas de Jesús, y las enseñanzas de los apóstoles son ejemplo del carácter, las acciones y las motivaciones de Dios. No importa si uno se enfoca en los principios, las narrativas o historias bíblicas, en los personajes o las parábolas; lo que sí importa es que ninguno de éstos contradiga la integridad de la naturaleza y los propósitos morales de Dios.

La interpretación bíblica y la ética cristiana

Como apuntamos anteriormente, la relación de la Biblia y la ética es compleja. Esta complejidad explica la gran diversidad que hay entre los cristianos sobre los usos de la Biblia en la ética y las implicaciones éticas de la Biblia.[2] La diversidad que se da en la interpretación bíblica y en sus implicaciones morales y éticas, requiere que todos los cristianos sean humildes, pacientes y amorosos con aquellos que sostienen interpretaciones diferentes a las suyas. Es necesario tener y expresar la madurez de fe y moral que se requiere para convivir amorosamente con quienes no estamos de acuerdo. Estas diferencias y desacuerdos se deben interpretar como si fueran los recursos que Dios nos provee para reconocer nuestro pecado y las limitaciones que tenemos en nuestra comprensión de los propósitos y naturaleza de Dios. Se deben ver como una ocasión para ejercitar nuestra disposición para aprender de otros y una oportunidad para nuestro mutuo crecimiento espiritual e intelectual.

Son varias las interpretaciones sobre cómo la Biblia informa nuestra conducta moral y nuestra reflexión ética. Algunos cristianos argumentan que la Biblia, en su dimensión moral, es principalmente un libro de reglas morales de carácter absoluto. En esta perspectiva, las Escrituras se reducen a un sistema de reglas por el cual nuestras acciones morales se deben juzgar. Así que Dios es visto como un legislador cósmico o un dador de leyes, y los creyentes tienen la obligación moral de obedecer estas leyes o reglas morales. Por tanto, la virtud moral más importante es la obediencia, y el pecado, más que nada, es el producto de la desobediencia. Así, el discipulado actual se reduce a un legalismo bíblico.

Para otros cristianos, a pesar de la importancia de las reglas, éstas no constituyen la principal contribución moral de la Biblia. Lo más importante no son los imperativos o mandamientos bíblicos, sino más bien la forma en que la Biblia nos ayuda a formar una comunidad que tiene como su fin la formación de nuestro carácter moral. En esta perspectiva, la Biblia no busca tanto proveernos normas morales absolutas, sino múltiples ejemplos de individuos y pueblos que nos enseñan cómo constituirnos como personas y comunidades fieles a Dios. Dios es un mentor que, a través de Jesús, nos enseña cómo ser perfectos igual que él es perfecto. La virtud principal consiste en ayudar a otros a ser parte integral de nuestra comunidad de fe; el pecado consiste en hacer aquello que se convierte en un impedimento para participar de la comunidad. Es por esto que las Escrituras nos alientan a pensar en no hacer algo que pueda perjudicar el desarrollo de fe de otras personas. La Biblia nos da múltiples ejemplos de cómo la comunidad modela nuestro carácter y cuáles son las acciones que llevan a la formación y mantenimiento de comunidades de ayuda mutua.

Otros miembros de la comunidad de fe interpretan los relatos bíblicos como la manera de discernir los principios morales que se encuentran detrás de los relatos bíblicos. Estos principios generales se consideran universalmente válidos dándole sentido, dirección y propósito a sus acciones y a su vida.

La Biblia, el individuo y la comunidad

Otro asunto relacionado con la interpretación de la Biblia en asuntos morales y éticos es el de la autoridad del agente que la lee y la interpreta. Para algunos cristianos, el individuo es el agente principal de interpretación bíblica; así que cada individuo debe llegar a la verdad e implicaciones morales bíblicas por sus propios esfuerzos. Otros alegan que la forma más propia y fiel de leer la Biblia y de discernir sus implicaciones éticas es en el contexto de la comunidad de fe; así que la comunidad de fe es el agente principal de interpretación bíblica. Cuando leemos la Biblia en comunidad, nos damos la oportunidad de entender la manera en que las personas son afectadas y entienden la revelación de Dios. La lectura que se hace en el contexto de la comunidad le provee a todos los individuos un cúmulo de perspectivas que les permiten ver las implicaciones morales que de otra manera perderían. También provee algo que todos necesitamos: la posibilidad de corregir nuestros prejuicios y limitaciones.

Principios de interpretación de la Biblia

Hay al menos tres preguntas que siempre debemos hacer al tratar de discernir cuál es la implicación ética y moral de las Escrituras:

1) La pregunta exegética (qué dijo o quiso decir el autor). En primer lugar, tenemos que afirmar la autoridad y pertinencia de las Escrituras en las cuestiones éticas y morales que hoy afectan nuestra vida. Tenemos que respetar las normas y tensiones morales y éticas que los textos bíblicos nos presentan como moralmente importantes. Los parámetros que nos ofrecen las Escrituras son indispensables para nuestro pensar ético, así que tenemos que hacer uso de las mejores técnicas de interpretación bíblica disponibles. Es importante recalcar que el uso responsable de las Escrituras demanda que hagamos un serio esfuerzo por entender lo que la revelación de Dios significaba para las personas que la recibieron. Tenemos que evitar usar textos bíblicos particulares fuera de su marco de referencia más amplio porque éste nos ayuda a entender su significado, y también tenemos que cuidar de no leer lo que queremos en los textos y usarlos para defender nuestro interés o punto de vista particular.

2) La pregunta hermenéutica (los posibles significados que este texto tiene hoy para nosotros en nuestro contexto). Aquí, la participación de todos los miembros de la comunidad —las pastoras y pastores, los teólogos y teólogas, biblistas y, principalmente, los laicos de la iglesia— debe ser un recurso indispensable en la reflexión sobre la pertinencia de la Biblia en asuntos morales. No sólo debemos determinar el significado del pasaje en el contexto social en que se dio y el significado para la comunidad que lo recibió, sino también, por analogía, ver cómo es relevante en nuestro contexto social.

3) La pregunta práctica (cómo estos pasajes cambian o transforman nuestro discipulado). Debemos tratar de identificar el principio que informa, directa o indirectamente, las normas, ejemplos, narraciones y parábolas que nos presenta la Biblia. Los principios generales son más pertinentes para nuestro tiempo que las reglas específicas que nos presenta las Escrituras. Por tanto, tenemos que tratar de discernir cuál es el valor o principio que reside en las normas y relatos bíblicos, y cómo estos principios se relacionan y fundamentan en nuestra visión de la naturaleza y propósito de Dios. Esto no le quita valor a las leyes específicas que se nos presentan, pero sí evitamos que esas leyes nos lleven a actitudes legalistas que violen la intención de la moral bíblica. Una dimensión, que muchas veces no recibe la atención que se merece, es la importancia que las Escrituras le dan al espíritu, o a los motivos que inspiran nuestra moralidad. A veces esto es más importante que la obediencia y los actos externos. La motivación y la formación del carácter moral son algunos de los elementos bíblicos más significativos. La moralidad, tanto como la espiritualidad, son algo interno y son las que definen el contenido de nuestras acciones externas (Mt. 23:27-28). El énfasis bíblico está en lo que motiva nuestras acciones, en los sentimientos que tenemos cuando actuamos y en nuestras actitudes para cultivar los frutos del espíritu (Mt. 15:18-19).

La dimensión cultural y la moralidad bíblica

La Biblia es un documento histórico y, como tal, sus enseñanzas morales están condicionadas por el contexto cultural en que se escribió. Todos los textos bíblicos están culturalmente condicionados; sin embargo, esto no implica que todos estén culturalmente limitados. Es decir, algunas de las perspectivas morales son pertinentes sólo dentro del contexto en que se dieron y, como tal, son cultural y socialmente limitadas. Estas perspectivas, reglas y principios no se pueden aplicar en nuestro tiempo. Otras perspectivas y principios morales son de carácter más general y universal, y trascienden su contexto social. Esto hace necesario que la aplicación moral de un texto bíblico tenga que regirse por normas hermenéuticas legítimas. No podemos asumir que todo lo que pasaron e hicieron los primeros cristianos sea normativo para nuestras vidas. La dimensión cultural de la iglesia primitiva influyó en la visión y práctica de los primeros cristianos tanto como nuestro contexto cultural necesariamente influye la nuestra. Si aceptamos que no se puede ser cristiano sin tener alguna influencia de la cultura, y que la cultura siempre influye en nuestras posturas morales y entendimiento ético, entonces queda claro que debemos establecer criterios que nos ayuden a determinar cuáles normas son culturalmente relativas y cuáles son de carácter transcultural y, por tanto, normativas para distintas comunidades de creyentes. Debemos distinguir entre el mensaje central de las Escrituras y las cuestiones que son periféricas al mensaje bíblico.

Tenemos que prevenir que algunas normas culturales bíblicas se interpreten como leyes de Dios. Recordemos que Dios no convierte a ninguna cultura en la norma para identificar a una comunidad de fe; las buenas nuevas son pertinentes a todo contexto cultural. Los cristianos tenemos que distinguir entre lo que el Nuevo Testamento ve como inherentemente moral y lo que es mera costumbre, hábito o práctica moral de la cultura donde se dio la revelación. Lo inherentemente moral es pertinente a toda cultura, lo no inherente cambia de cultura en cultura.

Por ejemplo, la práctica del amor y la justicia, el perdón y la no agresión o venganza, y el servicio al prójimo son normas transculturales. Las actitudes sobre la mujer, la esclavitud y la riqueza son cambiantes y están limitadas culturalmente. Tenemos que reconocer que parte de la razón por la que los autores bíblicos eran condescendientes con la pobreza y la esclavitud, era debido a que cultural y socialmente no había alternativas sociales y políticas viables o reales, y, por tanto, no veían otras opciones.

¿Cómo podemos saber si un pasaje bíblico es cultural y transitorio en vez de ser transcultural y de índole más permanente en su validez moral y ética? Nunca tendremos garantía absoluta de que nuestra interpretación de algún pasaje de carácter cultural sea correcta. Sin embargo, los siguientes puntos nos ayudarán a minimizar nuestros errores en esta área. En primer lugar, si un pasaje contradice mensajes centrales de las Escrituras, se puede juzgar como cultural y transitorio. Los escritos sobre la esclavitud y la mujer son claramente de carácter cultural, ya que contradicen la noción de amor, justicia y el bienestar del pobre que son centrales a toda la Biblia. El hecho de que la iglesia primitiva esperaba que sus miembros trataran de manera distinta a los esclavos, las mujeres y niños a como la cultura los valoraba y trataba, demuestra que la discriminación y el prejuicio son prácticas que violan el espíritu cristiano, y que, por tanto, no se pueden justificar moral ni éticamente, aunque haya pasajes individuales que parezcan justificar tales prácticas deshumanizantes. Si un pasaje niega prácticas de la iglesia que han probado ser constructivas para el desarrollo de la fe, se le puede definir como limitado culturalmente. Si un pasaje alienta actitudes y prácticas como la violencia y la venganza, que violan el espíritu de las enseñanzas y prácticas de Jesús, se le puede identificar como limitado culturalmente.

NOTAS

[1] Vea la obra clásica de Rudolf Schnackenburg, *The Moral Teachings of the New Testament* (New York: Seabury Press, 1973). También vea la obra de Richard B. Hays, *The Moral Vision of the New Testament: A Contemporary Introduction to New Testament Ethics* (San Francisco: Harper Collins Publisher, 1996).

[2] Un texto que presenta las diferentes formas en que los cristianos interpretamos la Biblia es Donald K. McKim, *What Christians Believe About the Bible* (Nashville: Thomas Nelson Publisher, 1985).

Capítulo 4
La ética bíblica

Aunque la Biblia es la autoridad en asuntos éticos y tiene un lugar central para la comunidad cristiana, tenemos que apuntar que la ética cristiana no se reduce, ni se puede identificar sólo con la ética bíblica. Como hemos visto, toda ética tiene una dimensión comunitaria y contextual; así pues, la ética bíblica responde a los retos que la comunidad de fe encontró en su contexto particular. Nuestra reflexión y compromiso ético-moral, como parte de nuestra fidelidad al Dios vivo, tiene que hacerse a la luz de los retos que enfrenta nuestra comunidad en su propio contexto y tomando en cuenta todos aquellos nuevos factores que exigen una respuesta de fe propia. Nos toca a nosotros responder, guiados por la tradición de fe y las Escrituras, de manera creativa y auténtica a nuestro contexto actual usando todos los nuevos recursos que ahora están a nuestra disposición.

Es imposible, en el corto espacio que tenemos, presentar de manera exhaustiva todas las enseñanzas y dimensiones éticas centrales de las Sagradas Escrituras. Sin embargo, dada la importancia que las Escrituras tienen para nuestro pensar ético y actuar moral, al menos debemos tener una noción de algunas de las dimensiones centrales de la ética bíblica que nos puedan ayudar a definir los parámetros que son centrales a nuestro pensar ético y para actuar moralmente como cristianos.[1]

La ética del Antiguo Testamento

Características de la moralidad hebrea

Es importante que los cristianos conozcan la moral y la ética del Antiguo Testamento. Esto nos permite percatarnos tanto de la afinidad y continuidad, como de los elementos distintos y particulares que definen la ética del Nuevo Testamento. El Antiguo Testamento nos provee los recursos de la tradición y el contexto cultural, religioso y político-social que nos permiten entender en toda su plenitud la ética de Jesús y del Nuevo Testamento. Recordemos que los libros del Antiguo Testamento eran la Biblia de los primeros cristianos y que de allí recibieron mucha de su formación moral.

El Antiguo Testamento le da una posición privilegiada y central a la dimensión ética y moral de la existencia. La ética del Antiguo Testamento se encuentra en las historias o narraciones de sus figuras centrales. Gran parte de la inspiración y de la visión moral del Antiguo Testamento también se expresa a través de leyes, profecías y dichos de sabiduría. Esto se hace evidente cuando examinamos los relatos bíblicos que narran las historias de Abraham, Moisés, Ruth, Noemí y los profetas. La ética y la moral son parte integral de la religiosidad de todos estos personajes bíblicos. Por ejemplo, en los libros que constituyen el Pentateuco, Dios se nos presenta como un ser que se preocupa por el bien de su creación, por el bien de la vida humana y por la calidad moral de las relaciones humanas dentro de la comunidad. El Decálogo, o los Diez Mandamientos, provee reglas para guiar nuestra conducta individual, al igual que fundamentos para la formación moral de nuestro carácter y para la formación moral del carácter de la comunidad de fe.

Los profetas continuamente nos recuerdan que Dios se preocupa no solamente por las acciones morales individuales, sino también por la justicia social. Los profetas nos hacen ver que el pecado no sólo tiene una dimensión individual, sino también una dimensión social, y que Dios sufre no sólo por nuestro pecado personal, sino también por el pecado que es el resultado de instituciones e injustas prácticas sociales, políticas y económicas. Los profetas enfatizan que nuestra infidelidad a Dios se ve de forma clara y evidente en la cruel realidad de la pobreza, y que la fidelidad a Dios está íntimamente relacionada con la lucha por liberar a los pobres de su miseria. El pobre se tiene que liberar no en base a su mérito moral, sino exclusivamente en base a que la pobreza viola tanto la imagen de Dios, como el valor y la dignidad de la persona, y esta violación hace que Dios sufra.

El legalismo

El Antiguo Testamento muchas veces se lee e interpreta meramente como un libro de reglas y leyes morales. Dios se reduce a la función de un legislador que dicta y da leyes. La ética que se nos presenta en los textos bíblicos se define en términos legales y, por tanto, la moral se define primordialmente como la práctica de la obediencia y sumisión a estas leyes dadas por Dios. Nuestro compromiso y obligación moral primordial es obedecer el Decálogo, y de esta manera las leyes y reglas que Dios prescribe tienden a considerarse como absolutas.

Un problema serio con esta interpretación legalista de los textos bíblicos es que, en nuestro momento actual, no podemos aplicar muchas de las leyes y reglas que prescribe el Antiguo Testamento. Por ejemplo, la leyes que prohíben el pago de intereses por dinero que uno toma prestado hace imposible vivir en una sociedad capitalista como la nuestra. Las leyes sobre el trato de esclavos y el trato de las mujeres son moralmente ofensivas a nuestro presente modo de pensar.

Por otro lado, el legalismo bíblico no carece totalmente de valor. Las leyes que proceden de Dios son buenas en sí mismas en particular porque encarnan características que hacen honor a nuestra integridad como criaturas que reflejan la imagen de Dios. Son reglas que honran nuestra dignidad como criaturas morales que se tienen que tratar con respeto, reconocimiento y consideración. Estas reglas también honran nuestra necesidad de vivir dentro de estructuras sociales estables que nos hagan conscientes de cuáles son nuestros derechos y qué tipo de trato podemos esperar y exigir de otros. Las leyes de Dios son consideradas importantes en la comunidad de fe porque nos ayudan a discernir qué prácticas nos llevan a respetar la dignidad humana y a crear comunidades de ayuda mutua que respondan a nuestra necesidad de seres que necesitan ser tratados con dignidad. Las leyes que prohíben mentir, principalmente cuando uno está en la corte, las leyes contra el hurto, y las leyes que nos llaman a honrar a nuestros padres y madres y sus tradiciones son indispensables si uno quiere vivir en un contexto moral que nutra una vida más armónica, placentera, saludable y conducente a la realización de una vida más plena.

Las metas de Dios

El Antiguo Testamento no sólo provee leyes y reglas que son moralmente relevantes, sino que sus libros están repletos de principios e ideales morales que definen las metas y los propósitos de Dios para sus criaturas. Desde esta perspectiva, Dios es un dador de (o apunta hacia) las metas o fines que le dan significado a la vida, metas y valores por los que vale la pena morir o a los cuales dedicar la vida. Desde esta óptica o perspectiva, la moralidad consiste primordialmente en la capacidad de mantener nuestra visión clara y bien enfocada en los fines que debemos realizar, y en nuestra capacidad para desarrollar las destrezas necesarias que nos permitan discernir cuáles son los medios más adecuados para lograr nuestros fines. Entre los fines que le dan significado a nuestra vida se encuentran la realización de la paz, el amor, la justicia, la igualdad y la libertad. Los símbolos bíblicos del reino de Dios, el jubileo y el shalom, son imágenes que encarnan estos fines y, obviamente, todos estos fines tienen pertinencia y urgencia para nuestro momento histórico presente. Estos principios e ideales nos llaman a formular leyes más específicas y pertinentes que respondan a las demandas morales de nuestro presente contexto cultural.

Toda acción que nos lleve más cerca o que haga más concreta la realización de este fin se identifica como obligatoria y buena. Esta forma ética de pensar tiene su fundamento en el hecho de que los seres humanos somos criaturas finitas, incompletas y que añoramos lograr la realización más plena de los talentos y potencialidades que Dios nos ha dado. La fidelidad moral es, por tanto, mucho más que la mera obediencia a leyes dadas por Dios. La obligación moral consiste, primordialmente, en nuestra inclinación a contribuir al bienestar de otros. En particular, consiste en contribuir como individuos y miembros de la comunidad a la realización de los dones y talentos de aquellos con quienes nos ha tocado vivir. El Antiguo Testamento, por tanto, nos hace conscientes de que nuestra obligación moral no se agota al satisfacer nuestra necesidad de estabilidad e integridad, sino que también requiere que respondamos a nuestra necesidad de cambiar y crecer.

La formación de nuestro carácter moral

Además de leyes y metas morales, el Antiguo Testamento nos presenta múltiples narraciones sobre las acciones históricas de Dios y los esfuerzos del pueblo escogido para discernir cuál sería la respuesta más adecuada de la comunidad de fe a la luz de estas acciones divinas. Los textos del Antiguo Testamento proveen diversos ejemplos sobre la manera en que tanto individuos como pueblo de Dios modelan patrones de vida que son ejemplo sobre cómo responder a las acciones históricas de Dios. En esta dinámica no sólo los profetas, los reyes y los patriarcas son elegidos como modelo de lo que significa ser una persona fiel y moralmente responsable, sino que también muchos textos nos presentan a personas del pueblo, hombres y mujeres, que nos proveen modelos y ejemplos de cómo responder a las acciones de Dios. Estas personas nos ayudan a discernir lo que debemos ser como seguidores de los propósitos de Dios. La ética del Antiguo Testamento ejerce su influencia no sólo en los *actos* individuales del agente moral, sino también, y principalmente, en nuestro *ser* o *carácter* como agente moral que hace o toma decisiones morales. El propósito principal de las Escrituras que constituyen el Antiguo Testamento es la formación del carácter moral del creyente, es decir, la creación de la persona virtuosa más que la formulación de principios, reglas o la búsqueda de metas o fines morales.

El Antiguo Testamento, por tanto, nos revela que nuestra responsabilidad moral no se agota al realizar actos de justicia, o en llevar a cabo actos de servicio o de sacrificio que promuevan el bienestar de nuestro prójimo. La moral del Antiguo Testamento nos llama no sólo a actuar, sino también a ser o constituirnos en personas justas, sabias, serviciales y dispuestas —o con la inclinación— a sacrificarnos por el bien del prójimo. Ser este tipo de persona, actuar a la luz de tales disposiciones e inclinaciones internas a nuestro ser —es decir, cultivar y desarrollar estas virtudes— tiene prioridad sobre el mero actuar. La noción moral es que si uno es justo, entonces la justicia será el resultado natural en nuestro actuar.

El énfasis que el Antiguo Testamento pone en la formación del carácter moral nos explica por qué también enfatiza la centralidad de la calidad de vida de la comunidad. Desde esta perspectiva se enfatiza no sólo la necesidad de la disciplina y de la perfección moral individual, sino también de la dimensión social de nuestra existencia. El Antiguo Testamento valora nuestra vida colectiva. Dios no sólo se relaciona con individuos, sino también con todo el pueblo. Es redentor no sólo del individuo, sino que a éste lo salva como parte del pueblo. El carácter moral de la comunidad es parte integral para la formación del carácter moral individual. Nuestro carácter siempre se forma a la luz de las perspectivas y valores de la comunidad. El carácter se forma más por medio de los ejemplos que proveen los miembros de nuestra comunidad, por mentores o por quienes identificamos como sus mejores representantes, que por la legislación y los fines sociales. Una perspectiva general del Antiguo Testamento reconoce que la dimensión y pertinencia moral de estos textos señalan que es importante ser una persona virtuosa así como un agente moral capaz de tomar buenas decisiones morales.

Así que es tiempo de resaltar algunos de los temas morales centrales del Antiguo Testamento que tuvieron impacto en la formulación de los textos del Nuevo Testamento y que le dan continuidad y unidad a la Biblia. En primer lugar, la moralidad hebrea es radicalmente teocéntrica o, en otras palabras, centrada en un entendimiento sobre la naturaleza y voluntad de Dios. Para la comunidad hebrea, la pregunta que antecede a todo compromiso y acción moral es si nuestros actos obedecen a los decretos de Dios, si buscan o contribuyen a la realización de los propósitos o metas de Dios, o si armonizan, son adecuados, o corresponden a las acciones de Dios en nuestro momento histórico.

Otro elemento distintivo de la moralidad hebrea es su legalismo y sentido de que la vida moral es de obediencia a Dios. Como ya lo mencionamos, las leyes divinas proveen regularidad en el trato y claridad en lo que se espera del pueblo hacia Dios y de los unos hacia los otros. Es importante recordar que para los hebreos, las leyes de Dios son expresión de la gracia de Dios, ya que éstas nos permiten vivir en comunidad y en paz los unos con los otros. El carácter teo-céntrico y legalista de la ética hebrea le da un carácter tradicional y conservador. Sin embargo, el legalismo hebreo deposita su fe en Dios y no en el esfuerzo y la perfección humana; también enfatiza más el salvarnos del mal que en animarnos a la realización del bien personal y social.

Otro énfasis prominente de la moralidad hebrea es su dimensión y énfasis relacional. La vida moral se entiende y describe como estableciendo relaciones correctas con Dios, con nuestros seres queridos y con los miembros de nuestra comunidad. Una relación íntima con Dios es indispensable para el buen funcionamiento de las relaciones con otros y para establecer relaciones correctas con el resto de la creación. El énfasis de la ética hebrea está en lo práctico y concreto. Se enfatiza la conducta práctica, la moralidad, y cómo primeramente afecta al pueblo de Israel y después a los extranjeros con los cuales entra en contacto. Por lo tanto, la moralidad hebrea le da menos importancia a la formulación de valores abstractos.

La ética del Antiguo Testamento también tiene un carácter radicalmente igualitario. El igualitarismo de los movimientos de Yahvé y de Jesús se fundamentan en su visión de Dios, el Dios hebreo es el creador y sustentador de todo lo que es. Todo lo que Dios creó, tanto lo natural como lo humano, lo considera bueno. Sin embargo, Dios no sólo ama a toda su creación por igual, sino que su deseo también es redimir a toda la creación y a toda criatura. A pesar de las muchas diferencias obvias entre distintas personas, desde una cierta perspectiva, todos los seres humanos son fundamental y radicalmente iguales. Esta visión igualitaria puede haber sido uno de los factores principales del éxito histórico de estos dos movimientos religiosos. Las personas que vivían marginadas se sentían incluidos y respetados en estas dos religiones. Este igualitarismo religioso ha influido en la vida social y política del pueblo hebreo y cristiano y, a través de estos dos movimientos religiosos, ha influido a toda la cultura occidental. El igualitarismo hebreo y cristiano ha llevado a crear formas sociales y políticas más inclusivas y a sostener posturas sociales progresistas como la liberación de los esclavos, la inclusión de las mujeres, el deber de proteger a los más débiles y la obligación de dar hospitalidad a los extranjeros.

Otra característica de la ética y la moral hebrea es que los hebreos están conscientes del carácter incompleto de la moral. Los hebreos esperan la llegada de un Mesías que completará y realizará, de forma más pura, la moralidad de Dios dentro del pueblo escogido.

La práctica moral y el pensamiento ético hebreo, sin embargo, sufren de una contradicción en su código de valores. A pesar de la sabiduría moral y de las nociones de hospitalidad hacia los extranjeros y de la igualdad humana, implícitos en su religión, a los extranjeros se les trata de manera distinta a como se trata a los miembros de su nación; y lo mismo sucede con las mujeres, a las que se trata como inferiores a los hombres.

Cuando el pueblo hebreo fue conquistado y forzado a vivir en el exilio, su ética se hizo radicalmente legalista. El énfasis moral recayó casi exclusivamente en el comportamiento externo. Lo más importante era que los miembros del pueblo demostraran su respeto a la ley y a las tradiciones del pueblo con su comportamiento. Se perdió de vista, o no se le dio mucha atención, a la dimensión de las intenciones, de los motivos y de las actitudes del agente moral. Como pueblo conquistado, los hebreos desarrollaron actitudes defensivas ante los extranjeros. Esto explica parte de la crueldad excesiva que llega al extremo de eliminar a todos los enemigos, incluyendo niños y mujeres. A veces, el pueblo hebreo exageró su rol como jurado y juez de los castigos que Dios ejecutaba contra otros pueblos.

Los hebreos también radicalizaron y exageraron su rechazo de las culturas no hebreas. El exilio implicó compartir su vida cotidiana con otros pueblos y esto agudizó su temor de que la influencia de esas culturas debilitara su sentido de identidad religiosa y cultural, y, por lo tanto, su actitud defensiva alimentó su inclinación al legalismo.

El legalismo exagerado demuestra que incluso el pueblo escogido carece de una comprensión total de la voluntad de Dios. Pierde de vista que, a pesar de ser el pueblo escogido, los hebreos no gozan de privilegios ni de seguridad especial. Al contrario, el pueblo de Dios está llamado al servicio radical y a sacrificarse con el fin de ser bendición para **todas** las naciones. Como nos sucede a todos los que estamos convencidos de que somos parte integral del pueblo escogido, una buena parte del tiempo nuestra tendencia es identificar la voluntad de Dios con nuestros propios intereses y propósitos.

El Decálogo

Como ya lo hemos mencionado, los hebreos le dieron a la ley una gran autoridad, en parte porque la reconocían como una dimensión central de la gracia de Dios. La ley también les proveía guías concretas y prácticas sobre cómo constituirse en comunidad y tener la bendición de poder vivir en unidad como pueblo de Dios. Los Diez Mandamientos proveen la formulación clásica de una ética de la ley. Estos mandamientos son parte del convenio que define la relación que los seres humanos debemos tener con Dios y los unos con los otros.

Los primeros cuatro mandamientos nos dan instrucciones sobre cómo responder fielmente a Dios. Sólo Dios es digno de nuestra adoración exclusiva, por esto no se pueden adorar, mucho menos crear, dioses propios. Los mandamientos enfatizan dimensiones internas en nuestra relación con Dios, entre ellas la sinceridad de nuestros actos de adoración a Dios. Nos advierten que no debemos manipular, mucho menos usar el nombre de Dios en vano. Finalmente, estos cuatro mandamientos nos recuerdan que no podemos permitir que la realización de las tareas de nuestro diario vivir nos dominen al punto que nos impidan acordarnos y tomar tiempo para hacer lo que Dios espera de nosotros. Tenemos que respetar los ritmos de la vida, es decir, dedicar tiempo para el trabajo, para el descanso y para la adoración. Es necesario mantener una disciplina para cultivarnos en el arte del buen vivir.

Los demás mandamientos nos instruyen en nuestras relaciones interpersonales. Nos ordenan reconocer y respetar la autoridad de nuestros padres, de sus tradiciones, y de ser leales a la solidaridad familiar. Nos recuerdan que la vida es sagrada y que no tenemos el poder ni la autoridad de destruirla. La vida es dada por Dios, y sólo Dios tiene la autoridad de terminarla. Toda vida humana es creada en la imagen de Dios, lo cual nos llama a tener reverencia y respeto hacia la vida y a reconocer el valor y dignidad de cada individuo. También se nos ordena que seamos fieles y respetemos el convenio del matrimonio, a no robar, a no codiciar lo que es de otros y a no dar testimonio falso en los juzgados. Los Diez Mandamientos proveen consejos que todavía son prácticos y prudentes; son los requisitos mínimos para crear y sostener comunidades que sean estables y se inclinen hacia la mutualidad.

Ahora examinemos brevemente varios de los diferentes códigos que se encuentran en el Antiguo Testamento. Ellos nos muestran dimensiones particulares del legalismo moral hebreo.

Los códigos santos

Los textos de Levítico, capítulos 17–26, dejan clara la intención perfeccionista del legalismo hebreo: Dios nos llama a ser santos tal como Dios es santo. Estos códigos también nos presentan una versión temprana de la regla de oro («ama a tu prójimo como a ti mismo») que Jesús, y luego los apóstoles Pablo y Santiago, dice que es la expresión más alta de la moral. El amor no se agota en acciones externas, también requiere que nuestros motivos e intenciones sean los adecuados. Estos códigos, por tanto, nos hacen conscientes de la dimensión subjetiva de la moral. El amor, como motivación de la acción, debe estar presente en todo acto moral concreto que contribuya al bienestar del vecino.

El código deuteronómico

Deuteronomio, capítulos 12–26, resaltan el amor y la fidelidad de Dios. Jehová es constante y fiel hacia todos aquellos que aman a Dios y que obedecen sus leyes (Dt. 7:9). La obediencia a los mandamientos de Dios es una de las formas principales que tenemos de demonstrarle nuestra reverencia. Se nos llama a amar a Dios con todo nuestro corazón, mente y alma y con todo nuestro poder (Dt. 6:5). El amor a Dios tiene que ser total, involucra todo nuestro ser y hacer. El amor a Dios se manifiesta, por tanto, en nuestros actos externos y en nuestras intenciones y sentimientos. Este amor nunca se agota ni se desgasta, al contrario, este amor se multiplica y se desborda en expresiones amorosas a todos los seres de la creación de Dios. Este amor nos da poder para amar a otros tal como Dios los ama.

En resumen, el Pentateuco deja claro que, para el pensamiento hebreo, la fe y la ética son dos dimensiones de una misma realidad. Jehová se nos revela como un Dios moral. La ley y las prácticas religiosas están llenas de demandas morales. Los conceptos éticos del pacto, la santidad o perfección y el amor, son expresiones de la naturaleza y del carácter moral de Dios. Dios espera que su pueblo sea santo como Dios es santo. Dios espera que su pueblo honre los convenios expresados en leyes concretas y específicas, que encarnan sus propósitos y su compromiso providencial de fomentar el bienestar humano y de toda la creación. Especialmente Dios nos llama a amar a nuestro prójimo, especialmente a quienes supuestamente no lo merecen por lo que son o hacen. Imitar a Dios, o ser santo como Dios es santo, es una noción central a la ética hebrea. Más tarde, los cristianos traducirán la imitación de Dios como la imitación de Cristo. Por tanto, la noción de imitar es fundamental a la ética hebrea y cristiana en todas sus dimensiones, incluyendo el legalismo.

La ética de los profetas

El profeta es el que ha sido llamado a anunciar el mensaje de Dios a su pueblo. El profeta era el que hablaba en nombre de Dios. Su función no era predecir el futuro, sino denunciar las faltas de Israel y, a la luz de esa crítica, proclamar un nuevo futuro. A pesar de las diferencias entre los mensajes particulares de los profetas (algunos eran optimistas y otros no tenían mucha esperanza y creían que Israel no sería redimido), los profetas compartían varias ideas básicas: Dios es el creador de todo lo que existe; el pacto de Dios se cumplirá y nada podrá impedir los propósitos de Dios; el pecado es principalmente rebelión contra Dios; Dios juzgará a los malvados y redimirá a los justos; constituirá a Israel como un pueblo nuevo y su nuevo pacto será grabado en su corazón; Dios enviará un Mesías que fundará un nuevo orden de paz y amor.

La ética profética se da en el contexto de los múltiples cambios sociales de índole religiosa, política y económica que sufre el pueblo de Israel al transformarse de una comunidad agrícola pequeña en una sociedad urbana y rural compleja. En el aspecto político, la teocracia de los Jueces, que afirmaba que en Israel sólo Dios podía gobernar al pueblo, da lugar al establecimiento de la monarquía. Israel elige a un rey cuya responsabilidad será defender los intereses del pueblo. La ética profética también se dio durante el tiempo en que Israel fue conquistado por otros pueblos y que provocó su lucha por preservar su identidad religiosa, cultural y nacional durante el exilio.

La ética profética se expresa como una denuncia en contra de los ricos y los poderosos; en contra de los líderes políticos porque han violado su vocación como protectores del pueblo y defensores del bien común; contra aquellos con poder político y autoridad legal que se han dejado chantajear y han contribuido a la corrupción de las cortes de justicia; en contra de los líderes políticos, que en vez de servir al pueblo, usan su poder y riqueza para vivir con lujos, en medio de un pueblo que carecía de lo básico para sobrevivir. Los profetas también criticaron al pueblo porque abandonó su compromiso con la disciplina moral; porque la inmoralidad popular, la falta de disciplina personal y de grupo era rampante; porque el pueblo hebreo había perdido su vocación de luchar por la justicia, que era parte integral de ser una nación cuya vocación era ser bendición para todos los pueblos.

Algo fundamental en los profetas, en particular de Amós, es su crítica a la religiosidad meramente ritualista y formal. Desde el punto de vista profético, la mera formalidad religiosa, la religiosidad sin un compromiso real por la justicia y el bienestar de los necesitados, contribuye a la injusticia y a la decadencia moral. Para los profetas, la injusticia social y la infidelidad religiosa eran las causas del deterioro de las bases de la vida israelita. Los profetas entendían a Dios como parte integral de la lucha por la justicia social, y estas luchas eran el fundamento de la posibilidad del avivamiento espiritual del pueblo.

La enseñanza de los profetas marca el punto culminante del pensamiento ético hebreo. Los profetas no eran reformadores sociales sino más bien personajes religiosos que reconocían que la conducta moral, social y política tenía fundamento tanto como motivos religiosos. Los profetas se concentraron en varias áreas éticas: 1) infidelidad en el matrimonio; 2) prácticas deshonestas en el comercio; 3) la explotación de los obreros; 4) la corrupción política; 5) el exceso en el consumo personal; 6) la corrupción religiosa y los falsos profetas; 7) el abandono de la disciplina moral y el no asumir responsabilidad personal.

La literatura sapiencial o de sabiduría

La literatura sapiencial consiste en consejos prácticos sobre el buen vivir. Su propósito es instruirnos y darnos la capacidad de controlar y determinar nuestras vidas a la luz de las leyes de Dios. Este tipo de literatura le da atención particular a cómo enfrentar y responder a las dificultades y retos que se nos presentan en la vida diaria. Enfatizan la importancia del arte de optar los medios más adecuados para resolver nuestros dilemas.

El libro de los Proverbios, la expresión más clara de la literatura sapiencial, enfatiza el valor de la sabiduría en el diario vivir. La vida justa se encuentra en la obediencia, en todas las esferas de nuestra existencia, a los decretos que nos revelan la voluntad de Dios. En este texto bíblico encontramos múltiples consejos útiles para mejorar nuestra vida familiar: nos habla sobre las responsabilidades del padre y de la madre para con sus hijos e hijas; también nos da consejos para la vida comercial; nos dice cómo relacionarnos con el dinero, con sus posibilidades creativas y nos advierte sobre sus peligros, además de que nos da consejos particulares sobre cómo manejar la riqueza. A los políticos se les aconseja honestidad y a que no hagan violencia ni provoquen condiciones que fomenten el caos social.

Job y Eclesiastés

El libro de Job nos revela que incluso cuando nuestra vida toma un giro hacia lo peor y las cosas no van como nos gustaría, todavía tenemos que seguir obedeciendo los mandatos de Dios y asumir nuestras responsabilidades morales. Job nos hace ver que incluso quienes son moralmente buenos pueden ser víctimas del sufrimiento, y que los moralmente malvados pueden disfrutar de una vida placentera. Ser parte del pueblo de Dios no es una garantía de seguridad contra el mal y los accidentes que son parte de la vida. La buena conducta y el ser moral no garantiza que se tenga la bendición de Dios, y mucho menos que uno tendrá éxito en esta vida. Todos podemos ser víctimas de la desgracia.

Este texto, que es central a la visión moral hebrea, resalta la dimensión subjetiva de la moral y la importancia de la formación del carácter moral. Job sirve a Dios con un **corazón puro,** sin preocuparse por la recompensa que pueda obtener por su obediencia y su fidelidad. El texto de Job nos revela normas morales que son centrales al buen vivir. La buena vida es una vida libre de lujuria y concupiscencia, de mentira, de adulterio y una vida que incluye el claro compromiso de dar un trato justo a los débiles.

El libro de Eclesiastés nos revela que todas nuestras concepciones del bien supremo, la filosofía y la sabiduría, el placer, el trabajo, la riqueza y la fama son, en última instancia, productos de nuestra vanidad. El libro deja claro que los seres humanos, aunque moralmente responsables, no estamos en total control de nuestras vidas. La buena vida es un don de Dios. El buen vivir y el bien supremo consiste en temer a Dios, seguir sus enseñanzas y obedecer a sus mandamientos.

Los Salmos

Los Salmos consisten en 150 himnos hebreos que expresan todos los sentimientos humanos: el ánimo, la disposición, el humor y el enojo, que son parte de la fe en Dios. Es un libro que enfatiza la relación personal con Dios y la adoración, pero que también tiene una dimensión ética. En muchos salmos, la justicia tiene un lugar prominente. Esta se identifica como parte de la naturaleza de Dios (Sal. 14, 82, 89) y como parte de la responsabilidad del rey (72:1, 4). En armonía con la visión profética, toda comunidad que se reúne a adorar debe tener un compromiso con la justicia (37:27-28). El Salmo 15 nos presenta once requisitos morales que son necesarios para participar en la adoración.

El Cantar de los Cantares

Este libro es significativo porque nos hace conscientes de cómo Dios afirma nuestra sensualidad en todas sus dimensiones. También somos, entre otras cosas, seres sensuales a quienes sus sentidos les permiten distintos niveles de gozo físico y material; somos seres finitos con vínculos muy estrechos con la naturaleza. Recordemos que todos hemos sido creados del polvo de la tierra. Nuestra materialidad y finitud, sin embargo, no se consideran malas ni las bases del pecado. Finalmente, el texto enfatiza la belleza y el deleite de nuestra sexualidad. El texto afirma la pureza y poder del amor verdadero entre un hombre y una mujer y rechaza la poligamia. La fidelidad sexual dentro del matrimonio se ve como importante para el convenio del matrimonio.

La ética del Nuevo Testamento

El Nuevo Testamento relata la vida, muerte y resurrección de Jesús de Nazaret, la persona que, como cristianos, identificamos como la encarnación de Dios, y que, por tanto, constituye el centro de nuestra vida religiosa y nuestra vida moral. Para la comunidad cristiana, Jesús siempre ha tenido una doble función: ser nuestro salvador y también nuestro maestro en cuestiones morales. Aunque los textos del Nuevo Testamento se distinguen y tienen identidad propia, existe continuidad con los textos del Antiguo Testamento. Jesús se nos presenta como el Mesías, el enviado de Dios anunciado en el Antiguo Testamento; como el que completa y convalida los pactos y convenios que rigen la vida religiosa del pueblo hebreo. En él las profecías se cumplen a plenitud y la revelación de la naturaleza y voluntad de Dios se nos presentan de manera prístina. Jesús mismo confirma y afirma esta distinción y continuidad cuando reinterpreta la ley y declara que su reinterpretación no busca abolir, sino más bien cumplir y realizar a plenitud los decretos que Dios otorga a Israel (Mt. 5:17). Las enseñanzas éticas y morales del Antiguo Testamento, por tanto, se redefinen y logran su significado más pleno en el pensamiento y acciones de Jesús.

Las enseñanzas éticas de Jesús en el Nuevo Testamento, como veremos más adelante, se han interpretado de varias maneras. Aun hoy día son varias las formas en que la comunidad de fe usa las enseñanzas del Nuevo Testamento para adelantar su reflexión ética y su práctica moral. La comunidad de fe ve en los libros del Nuevo Testamento una fuente que le provee: 1) leyes, reglas o códigos morales que sirven de guías para la conducta humana; 2) historias o narraciones de donde podemos deducir principios universales para regir nuestra conducta; 3) un medio que le permite al creyente, con la ayuda del Espíritu Santo, discernir los propósitos de Dios; y 4) una fuente de ejemplos y exhortaciones que estimulan a las personas, dentro de las situaciones muy particulares en que se encuentran, a discernir lo mejor y a responder de manera amorosa. Los textos del Nuevo, al igual que los del Antiguo Testamento, proveen recursos para la reflexión ética y práctica moral que son pertinentes para nuestro actuar, para la formación de nuestro carácter y la creación de una nueva manera para ser una comunidad de servicio y de mutua ayuda.

Características de la ética de Jesús

Como lo indicamos antes, para los cristianos, Jesús no sólo señala cuál es el camino para la salvación, sino también muestra cómo los salvos, en su quehacer cotidiano, deben vivir a la luz del reino de Dios. Jesús nos inicia en el camino del buen vivir, y los Evangelios dejan claro que Jesús se preocupa por nuestro actuar, nuestro comportamiento hacia otros y por la calidad de nuestro ser. Para Jesús, el buen vivir, vivir bajo la luz de la voluntad de Dios, inevitablemente incluye una dimensión moral que nos hace conscientes de nuestra responsabilidad de fomentar lo bueno y evitar lo malo.

Jesús, en continuidad con la visión hebrea del Antiguo Testamento, fundamenta su visión ética y su práctica moral en bases religiosas. Su visión del mundo, su comportamiento práctico, sus inclinaciones y motivaciones, son teocéntricas, es decir, están centradas en su concepción de la naturaleza y propósitos de Dios. Su ética sólo tiene sentido para las personas receptivas a la transformación espiritual que resulta del contacto con Dios. Sólo quienes tienen la disposición de seguir sus pasos, su nuevo camino, tienen la posibilidad y capacidad de entender la voluntad moral de Dios.

La ética de Jesús le da más importancia a nuestra motivación e intenciones que a la dimensión externa de nuestras acciones. Es una ética que le da prioridad a la formación de nuestro ser más que a nuestras acciones particulares. La ética de Jesús, por tanto, enfatiza más la vida interior de la persona, lo que es permanente en nuestro carácter, que el carácter cambiante de nuestro actuar. Esto no significa que nuestras acciones no sean importantes, pero como dice el dicho, «por sus frutos los conocerán». Es decir, lo que hacemos es importante no sólo en sí mismo, sino principalmente como una dimensión que revela nuestro ser espiritual más íntimo. En última instancia, el carácter y la naturaleza de nuestras acciones tienen su fundamento en los motivos, visiones, actitudes, intenciones y disposiciones que rigen nuestra vida interior.

La ética de Jesús es radicalmente igualitaria e inclusiva. Es una ética que resalta el valor y la dignidad y, por tanto, el reconocimiento de cada individuo como criatura de Dios. Enfatiza la igualdad del valor de cada individuo, toda persona es valiosa porque Dios no sólo la crea y la ama, sino que también se le da completamente buscado su redención. La ética de Jesús nos hace conscientes y nos recuerda la obligación que tenemos de amarnos los unos a los otros, no de acuerdo a como nosotros nos valoramos, sino a la luz de cómo Dios nos valora y nos ama. El contenido radical del amor de Jesús se hace evidente en su relación con los marginados y pobres de su sociedad. Puesto que toda persona es valiosa para Dios, Jesús trata con cariño especial a todas aquellas que la sociedad rechaza, no reconoce y no oye. Este énfasis en el individuo, sin embargo, no implica falta de atención y preocupación con la vida de la comunidad, más bien asume el contexto comunal.

La ética de Jesús, aunque centrada en la visión de los propósitos y fines de Dios, es radicalmente histórica, perfeccionista y escatológica. Es escatológica en el sentido de que el reino de Dios es su fundamento y su fin. Ya varias veces hemos mencionado que el reino de Dios está en el corazón de la prédica de Jesús, es el objeto de su ministerio, el bien supremo a que aspira la vida cristiana, es el tema que domina la mayoría de las parábolas y es parte integral de la oración que sirve de modelo para nuestra espiritualidad. Para Jesús, el reino de Dios se hace históricamente presente cuando actuamos de acuerdo con los propósitos de Dios. Cuando nuestros motivos, intenciones, disposiciones (en lenguaje popular) y nuestro corazón se centran en Dios, ahí mismo se encuentra el Reino. El Reino, por tanto, tiene una dimensión muy personal y está íntimamente relacionada con la experiencia de Dios en nuestra vida. Esta dimensión y experiencia personal, sin embargo, no es individualista: la visión del reino de Dios que constituye el centro de la vida y obra de Jesús, es la visión de una comunidad cuya unión y lealtad a Dios necesariamente conlleva el fin de la opresión y explotación entre los seres humanos.

El Reino se hace históricamente presente a través de todos aquellos que creen en él y se comprometen a su búsqueda histórica-social. Todos los que luchan por el Reino, sin embargo, reconocen que el Reino no lo crean ellos mismos, sino que es una dádiva; es un regalo que Dios, no los seres humanos, completará a su debido tiempo. Los seres humanos no creamos el Reino, simplemente respondemos a las acciones de Dios entre nosotros que hacen al Reino presente. Como tal, el Reino presente se reconoce como incompleto y apuntando hacia aquella otra realidad que no sólo es el fin, sino también la culminación de la historia humana-divina. El Reino es también una realidad no sólo espiritual, sino que abarca todas las dimensiones de la creación.

La ética de Jesús es perfeccionista. El amor, es decir, el deseo de unidad y armonía entre todas las criaturas y toda la creación de Dios, es símbolo de la perfección de la que Jesús es el modelo y que espera de nosotros. El amor nos anima a ser perfectos a nivel personal y a luchar por una mayor inclusividad social. El amor nos motiva y da poder para superar todas las fronteras del prejuicio racial, de clase, de género, de preferencia sexual, de cultura y de nacionalidad. Nos da poder para amar a nuestros enemigos, para convertir a nuestros enemigos en nuestros hermanos y hacerlos parte integral de nuestro círculo de ayuda mutua. Cuando el amor es nuestra norma, reconocemos que a pesar de nuestros logros de fomentar la igualdad, la justicia, la ayuda mutua y el servicio al prójimo, siempre hay más que lograr. El amor siempre nos llama a aspirar a más y a lograr más unidad y armonía entre todos los habitantes de la tierra.

El amor fomenta una moralidad que no está centrada en prohibiciones y atribución de culpa, sino una moralidad positiva que intenta resolver conflictos y contribuir al bienestar de la comunidad. El fin moral no es sólo evitar el mal, sino primordialmente mejorar la condición humana. Como ética positiva, más que de prohibiciones, la ética de Jesús enfatiza el perdón que contribuye y fomenta la reconciliación interpersonal y la inclusión comunitaria.

Finalmente, la ética de Jesús es una ética de arrepentimiento, de compromiso y de servicio al prójimo. Esta es una ética que abandona la sabiduría y las seguridades convencionales del mundo y que nos llama a aceptar con gozo los retos y sacrificios que implica vivir a la luz del reino de Dios. Su ética nos obliga a tomar en cuenta cómo nuestras acciones afectan las posibilidades de vida de nuestro prójimo. Nuestra dependencia y sumisión a Dios deben ir acompañadas del compromiso a mejorar las condiciones de nuestro prójimo, en particular las de los más débiles e indefensos. La buena vida es aquella que se vive con conciencia de las necesidades de los demás y sirviéndoles.

La ética de los Evangelios

Lo que conocemos de la ética de Jesús se nos presenta en los Evangelios. Como mencionamos anteriormente, Jesús nunca se tomó la molestia de escribir sus pensamientos y enseñanzas. Los Evangelios nos presentan las memorias e interpretación que los discípulos de Jesús y los primeros cristianos hicieron sobre las enseñanzas éticas y morales de Jesús. Los Evangelios nos presentan una diversidad de interpretaciones y de formas de apropiación de las enseñanzas del maestro. Esta diversidad se debe, en parte, a que los Evangelios no sólo buscan repetir lo que dijo el maestro, sino también usar las enseñanzas de Cristo para resolver los problemas concretos que enfrentaron las distintas iglesias en su momento histórico. Lo que sí debe quedar claro es que, a pesar de la diversidad y diferencias, las comunidades cristianas, desde sus comienzos, le dieron mucho valor e importancia a la enseñanza moral de la comunidad de fe. Su lealtad al ejemplo de Cristo le da cierta unidad a la diversidad que nos presentan los Evangelios.

No podemos abundar en todas las dimensiones ético-morales que nos presentan los Evangelios, pero al menos debemos mencionar algunas de las preocupaciones morales que se encuentran en ellos, porque todavía hoy día lidiamos con algunos de estos problemas.

La libertad

En el Evangelio de Marcos, la libertad del cristiano es central. Cristo nos hace libres para cambiar la tradición y la ley. El cristiano, como agente libre, no tiene que vivir bajo los decretos de la ley hebrea. En particular, las leyes que regulan lo que se puede y no se puede comer y la forma en que debemos preparar los alimentos, al igual que las leyes sobre el rito de la circuncisión, ya no tienen autoridad y, por tanto, los cristianos no tienen que acatarlas. Estas leyes proveen el mejor ejemplo del legalismo que reduce la moral a formular juicios sobre la manifestación externa de nuestras acciones. El legalismo sólo demuestra lo duro que es nuestro corazón. La moral cristiana es pertinente y se aplica donde la ley ya no tiene jurisdicción. La acción moral responde a la presencia y propósito de Dios y no se puede limitar a los dictados de la ley. Los cristianos tampoco tienen que responder a las demandas del Imperio Romano y a su código legal.

Para Mateo, la actitud anti-cultural del cristiano no implica que estén llamados a retirarse del mundo. La comunidad de fe habita en el mundo y al mismo tiempo resiste las convenciones morales y el legalismo. Los cristianos viven en el mundo como testigos de una manera diferente de ser y comportarse como personas fieles a los propósitos de Dios. Los cristianos están llamados a crear una cultura alternativa que demuestre su sumisión a la soberanía de Dios y a la presencia de su Reino, aunque incompleto e imperfecto, pero que ya está entre nosotros.

Mateo también afirma que Cristo nos hace libres pero no, como alega Marcos, para rechazar la tradición y la ley. Cristo no nos libera de la ley, sino que nos libera para hacer una reinterpretación de la tradición y crear aplicaciones más fieles al espíritu e intención de la ley. Para Mateo, el corazón de la ley, o su propósito real, es la misericordia y el amor. El cristiano, por tanto, no debe obviar ni la ley religiosa ni la civil (romana), pero sí debe evitar el legalismo limitado y punitivo.

Para Mateo, el compromiso del cristiano con la ley debe ser más radical que el compromiso de muchos de los líderes de la sinagoga. Contrario a los escribas que usaban e interpretaban la ley para consolidar su intereses y liderato religioso, y contrario a los fariseos que usaban su disciplina y obediencia a la ley para fomentar su superioridad moral, Mateo alienta a los cristianos a que sean fieles a la intención de misericordia y redención que fue el propósito de Dios al dar la ley.

La ley es importante para la formación moral de la comunidad de fe. Es un vehículo de educación moral, y provee guías para que la comunidad pueda comunicar de manera clara y consistente su visión y práctica moral. La ley también permite la unidad entre la comunidad cristiana y la comunidad hebrea, y permite la conversación moral entre distintos grupos religiosos.

El Evangelio de Lucas toma una posición intermedia en su interpretación de la libertad que tenemos en Cristo y sobre la manera en que ésta afecta nuestra relación con la tradición y la ley. Como ya lo mencionamos, mientras que Marcos rechaza la tradición hebrea, y en particular la centralidad de la ley, Mateo trata de mantener la centralidad de la ley y la cultura hebrea como parte integral de la comunidad cristiana. Lucas se acerca más a Mateo que a Marcos en el sentido de que él también valora la ley como un pilar de la identidad cultural de la comunidad hebrea. Sin embargo, contrario a Mateo, Lucas no le da prioridad moral a la ley. Como Marcos, él alega que los gentiles, o los cristianos que son ajenos a la tradición hebrea, no están obligados a obedecer todos los decretos de la ley, ya que éstos no tienen sentido en el contexto cultural de los gentiles. En cuestiones morales sí hace falta que los judíos y los gentiles compartan los mismos valores: la misericordia, el perdón, el servicio al pobre y al necesitado, el preciar las necesidades del ser humano sobre la ganancia material y el legalismo.

Cristo les da libertad a los cristianos que aman la tradición hebrea para que mantengan sus tradiciones y su amor por la ley y que a la vez reconozcan que su razón de ser pueblo escogido está en su misión para la conversión de y el servicio a los gentiles, para que también éstos puedan seguir la voluntad de Dios y el reino de

Dios según se ha revelado en Cristo. Cristo le da libertad a los gentiles para reconocer que los hebreos son una dádiva de Dios a través de la cual ellos se han convertido y han establecido un compromiso con la creación del reino de Dios.

El Evangelio de Lucas es muy pertinente para la comunidad hispana, porque, de manera más clara y explícita que los otros Evangelios, busca reconciliar a distintos grupos étnicos y religiosos, al mismo tiempo que mantiene sus diferencias culturales y la particularidad de sus costumbres. Para Lucas, parte del compromiso moral de la comunidad cristiana es precisamente desarrollar las virtudes y crear la disposición de respetar a quienes son diferentes a nosotros. Todos aquellos que están unidos en términos de su compromiso con el Reino pueden, sin embargo, mantener prácticas tradicionales, pero siempre y cuando éstas no estén en conflicto con los propósitos de Dios.

A la luz de lo que encontramos en los Evangelios podemos decir cuál es la actitud de Jesús ante la ley. Todo parece indicar que Jesús conocía y afirmaba las leyes hebreas. Sin embargo, él era muy crítico de las interpretaciones que algunos de los líderes religiosos hebreos le daban a la ley. Cuando Jesús afirma que no vino a abrogar la ley, sino más bien a cumplirla a cabalidad, queda claro que su intención era redimir a todas las leyes de las falsas interpretaciones que se hacían sobre ellas. Jesús juzga toda interpretación de la ley a la luz del propósito del dador de la ley: la misericordia, el amor y la redención. También podemos deducir que, para Jesús, el propósito de la ley no se agota en nuestra conformidad externa o con el legalismo. Más allá de actuar de acuerdo con lo que dicta la ley, uno también debe tener un compromiso íntimo con el espíritu liberador y creador de la ley. Obedecemos a la ley de manera voluntaria y espontánea, hacemos más de lo que la ley dicta y la aplicamos incluso en áreas de la vida donde la ley no aplica, y esto porque estamos convencidos de que la ley contribuye de manera significativa a la realización humana. Respondemos de manera creativa, más allá de lo que la ley ordena, porque los propósitos de la ley están encarnados en nuestro corazón, porque son parte integral de nuestros motivos, intenciones y visión de lo que lleva a la vida plena.

La disciplina

Los Evangelios también nos hablan de cómo los cristianos deben ser disciplinados, en particular, con el uso del dinero. Para Marcos, el discipulado tiene un carácter heróico. Es una entrega total a la causa de Cristo, que bien puede implicar actitudes anticulturales y de antagonismo con las comunidades hebrea y romana dominantes, y que puede llevar a la discriminación, rechazo y persecución de la comunidad cristiana. Los cristianos tienen, por tanto, que ser disciplinados y prepararse para el sacrificio que es inevitable cuando uno le es fiel a Dios. La actitud de sacrificio es central a una vida que está dedicada no al bienestar propio, sino al servicio del necesitado. Se necesita tener mucha disciplina personal para poder abandonar la seguridad que da el seguir convenciones sociales que a veces Dios nos llama a dejar para ser fieles a su llamado. Marcos reconoce que el discipulado implica la posibilidad no sólo del martirio personal, sino también de nuestra familia, que puede ser consecuencia de la vida dedicada a Cristo.

Marcos siente gran sospecha hacia el dinero. El dinero y la riqueza tienen el poder de darnos la ilusión de que somos autosuficientes y que tenemos la capacidad de proveer nuestra propia seguridad. Así que debemos tener una actitud de abandono hacia el dinero, de sacrificar nuestras posesiones en pro de nuestra lealtad a los propósitos de Dios, ya que esto en realidad es un sacrificio mínimo. La disciplina económica es indispensable para practicar la generosidad responsable, en particular la generosidad que implica sacrificio económico personal. Parte del propósito de la iglesia, o de la comunidad de fe, es ayudar a sus miembros a desarrollar la disciplina necesaria para perseverar en el sacrificio que implica la actitud de servir a otros con todos los recursos que tenemos a nuestra disposición, en particular los recursos económicos y de brindar una hospitalidad que incluya a todos los extranjeros.

Mateo no enfatiza la dimensión del sacrificio como la hace Marcos, sin embargo, sí entiende el espíritu de servicio al necesitado como central a la fe auténtica. El servicio al pobre no es un criterio central, sino *el* criterio central de la autenticidad de nuestra fe y de nuestra moralidad. Esto queda claro en las Bienaventuranzas y en el capítulo 25. En Mateo, la fe, la gracia y las acciones morales se complementan unas a otras; no se puede tener una sin las otras. En cierto sentido, Mateo parece argumentar que la salvación es tanto una dádiva de la fe como el producto de nuestras acciones. Uno no se salva por esfuerzos propios, sino más bien que es la gracia de Dios la que nos lleva, como implican las Bienaventuranzas, a la acción moral en pro de la justicia, de la misericordia, la paz, la sinceridad y nos da la disciplina necesaria para desarrollar el carácter que nos permite actuar en este espíritu y de esta forma. Para Mateo, como para Marcos, Cristo nos hace libres para servir a los pobres con todos nuestros recursos.

Lucas es el evangelista que más enfatiza el aspecto del dinero. El dinero se tiene que poner al servicio de los propósitos de Dios, hay que ser responsablemente generosos con los pobres porque ésta es una manera de mantener la comunidad y ser parte vital de la comunidad. Lucas critica a los que tienen muchos recursos y no los ponen a la disposición de los necesitados y los marginados. Aquellos que confían en sus riquezas serán excluidos de la bendición de Dios, no por lo que poseen, sino porque dejan que sus posesiones los dominen y tomen el lugar de Dios.

¿Qué podemos decir de las actitudes de Jesús hacia el dinero? Por un lado, Jesús no rechaza a los ricos, e incluso está dispuesto a aceptar su ayuda económica. A la misma vez, es muy tajante en su rechazo y se burla de aquellos que buscan seguridad en el dinero. Reconoce y condena la idolatría de quienes tienen y codician las riquezas. Jesús confía más en la apertura a Dios que tienen los pobres y hace de la generosidad responsable hacia éstos el criterio para el uso adecuado del dinero. La generosidad responsable es lo único que sostiene sociedades y comunidades de ayuda mutua. La hospitalidad y generosidad hacia el pobre y los marginados son de los criterios centrales del compromiso con Dios.

El matrimonio

Marcos, Mateo y Lucas también tocan el tema del matrimonio. Para Marcos, el matrimonio es dádiva de Dios y no hay ningún motivo para terminarlo. Él reconoce que en su comunidad de fe las mujeres han ganado el derecho a iniciar el divorcio aunque las alienta a no iniciar este proceso, de la misma manera que se opone a que los hombres lo inicien. Según Marcos, la vida sexual sólo se puede practicar dentro del matrimonio, y su único propósito es la procreación. Mateo y Lucas son más liberales en su actitud hacia el matrimonio y permiten el divorcio en casos de infidelidad, pero sólo en esos casos. Ambos afirman que la vida sexual sólo se debe practicar dentro del matrimonio y que su propósito es la procreación. La decisión de casarse y de procrear se debe hacer a la luz de cómo se busca servir a Dios. El celibato es aceptable y goza de cierto privilegio, ya que nos hace accesibles a las causas de Dios que requieren sacrificios especiales. El matrimonio debe honrarse, pero, como todas nuestras otras relaciones, no es algo absoluto, y hay causas con mayor importancia que tienen prioridad.

Esta breve, y de ninguna manera exhaustiva, consideración de las actitudes y prácticas morales en los Evangelios nos indican algunas de las actitudes morales que predominan en el Nuevo Testamento. Si tratamos de resumirlas, podemos señalar que: 1) los Evangelios enfatizan un compromiso moral con los propósitos de Dios; 2) este compromiso implica acciones y la formación del carácter que enfatiza la misericordia, el servicio y el respeto al prójimo (en particular a los necesitados y marginados); 3) los Evangelios también enfatizan la realización del amor, la justicia, la paz y la libertad de la ansiedad que nos lleva a buscar seguridad en el dinero, en el poder político o en otras convenciones sociales; y 4) también se afirma el perdón responsable que lleva a la reconciliación entre quienes antes podían haber sido enemigos y ahora se tratan como hermanos.

El Sermón del Monte (Mateo 5–7)

El Sermón del Monte es central a la ética cristiana. Algunos dicen que es el corazón de la ética de Jesús. El sermón describe no tanto leyes a seguir, o lo que estamos llamados a hacer, sino las características que nuestro Dios desea que sean parte integral de nuestro ser o carácter. En otras palabras, las bienaventuranzas nos presentan los elementos centrales del carácter cristiano (Mt. 5:3-12). Este sermón, por tanto, describe el tipo de persona que Jesús quería que sus seguidores fueran. El sermón es una invitación al discipulado e implica vivir a la luz de la naturaleza y voluntad de Dios y no en base a la sabiduría del mundo (Mt. 6:8).

Los bienaventurados tienen una relación íntima con Dios y la disposición, visión e intención de vivir a la luz de las demandas del reino de Dios. Entre esas disposiciones y características, se encuentran la actitud de humildad y sumisión ante Dios y su propósito de promover el Reino, y una pasión y disposición de sacrificio para realizar la justicia. También apunta a una actitud correcta consigo mismo y a sostener relaciones correctas con los demás. Debemos ser sinceros, misericordiosos, amantes y creadores de la paz, alertas a la condición humana y a lo que permite la realización plena de los seres humanos. Debemos tener la disposición de mejorar la condición del prójimo, haciendo el bien y evitando el mal.

A la luz de la ética del Sermón del Monte, el cristiano tiene la responsabilidad moral de influir al mundo en el que Dios lo ha puesto para vivir. Los cristianos han de ser la sal y luz, o sea, los que preservan e iluminan a la sociedad para que viva bajo la luz de la voluntad redentora de Dios. Los cristianos han de hacer sentir su presencia en el mundo de varias formas: algunas veces resistiendo o retardando la decadencia social, otras veces adelantando significativamente el progreso social y la condición humana.

La ética del apóstol Pablo

Las trece cartas escritas por el apóstol Pablo nos revelan mucho sobre su ética. En primer lugar, nos permiten reconocer que Pablo tiene un público particular y específico: las iglesias cristianas constituidas por quienes no pertenecen o provienen de la tradición hebrea. Su ética, por tanto, no pretende ser universal, más bien es una ética al servicio de la misión con los gentiles que recientemente se habían convertido al cristianismo. En segundo lugar, la ética de Pablo no nos presenta principios generales ni abstractos, sino una ética contextual que responde a los retos cotidianos que estaban enfrentando esas comunidades. Su fin era darle consejos particulares a estas iglesias y proveerles guías específicas sobre cómo vivir a la luz de la fe en una sociedad carente de principios morales. En tercer lugar, Pablo presenta sus principios y guías no en forma de leyes que la comunidad tiene la obligación de seguir, sino como consejos que estas comunidades de fe voluntariamente deben considerar y luego adaptar después de examinarlos. En cuarto lugar, y a la luz de lo dicho anteriormente, Pablo asume que parte de lo que significa ser iglesia es ser una comunidad de reflexión, discernimiento y acción moral. Finalmente, Pablo afirma tanto la libertad como la responsabilidad de las iglesias de discernir cómo actuar de manera moral de acuerdo con su compromiso con Cristo. Para Pablo, los principios que rigen la moral cristiana son el amor y la libertad. El (amor) *ágape* es el principio supremo y la motivación básica de la vida moral cristiana. El amor de Cristo es el fundamento de nuestra libertad; por lo tanto, lo que distingue al cristiano es que la libertad que nace del amor es una libertad dedicada al bien del prójimo, una libertad inclinada al servicio del prójimo. El cristiano se somete libremente a la voluntad de Cristo y a su ley de amor, libremente buscando servir al bien de los otros y fortalecer al débil. Como Cristo, somos libres para rendir nuestra libertad voluntariamente cuando esto edifica a nuestro prójimo.

Dimensiones teológicas de la ética de Pablo

Pablo busca compartir la experiencia que tuvo con Jesús y que transformó su vida de manera radical. Esta experiencia de conversión informa su visión teológica que, inevitablemente, influye su visión moral. Así que, tanto su teología como su ética-moral son cristo-céntricas. Pablo interpreta la moral desde la perspectiva de su unión mística con Jesús, a quien reconoce como el modelo e inspiración para vivir una vida moralmente buena. Es en Cristo que Dios comienza de manera definitiva la realización histórica de su Reino. Nuestro compromiso moral con el Reino, o vivir como si el Reino ya estuviera entre nosotros, es el resultado de vivir bajo la gracia de Dios. Es la gracia de Dios la que nos da poder para realizar su voluntad y propósitos. A la vez, Pablo entiende que los poderes y potestades que dominaban nuestra vida antes de la unión con Cristo, y que dominan al mundo en que vivimos, todavía tienen poder. Seguir los pasos del maestro requiere resistir los poderes y potestades del mundo, tanto como promover de manera positiva las buenas nuevas del Reino.

Es aquí donde el Espíritu Santo es importante para Pablo. El Espíritu es la vida de Cristo en la vida del creyente y en medio de la comunidad de fe. Vivir en el Espíritu y por el Espíritu es vivir dedicados, como individuos y comunidad, a los propósitos de Dios. El Espíritu revela cuál es la voluntad de Dios para nuestro contexto particular. Es el Espíritu quien nos permite discernir la voluntad de Dios y luchar por su realización; es quien nos llama, motiva y da poder para actuar moralmente caminando en los pasos de Jesús. Vivir en el espíritu es vivir con la esperanza de que sí hay nuevas posibilidades de vida y que nosotros hemos sido llamados a realizarlas.

La moral paulina

Hay al menos tres elementos que son centrales a la moral paulina. En primer lugar, Pablo tiene una visión cristo-céntrica del agente moral. Nosotros somos agentes morales en nuestra unidad e identificación con Cristo. Nuestra vida tiene que ser consistente con esta identidad, es decir, lo que hacemos y lo que somos debe ser congruente con la vida, crucifixión y resurrección de Cristo. En Cristo, Dios nos llama a vivir en la luz y de manera consistente con el Reino, que es el fin que Dios quiere para su creación. En segundo lugar, nuestra visión escatológica del mundo nos lleva a luchar contra los poderes y las potestades que mantienen el pecado, la muerte y la opresión en el mundo. Vemos e interpretamos al mundo desde la óptica del propósito de Dios. En tercer lugar, los principios de amor y libertad proveen criterios racionales que nos permiten discriminar entre lo que es y lo que no es moralmente bueno. Por ejemplo, Pablo se opone a la ley porque ésta divide a la comunidad y fomenta el elitismo y la falsa seguridad. De manera más positiva, Pablo reconoce que el amor nos hace ver la urgencia de atender las necesidades del pobre de manera prioritaria como requisito indispensable de fomentar la paz y la unidad dentro de la comunidad.

La relación entre judíos y gentiles

Vivir en base a la libertad y amor que nos brinda Cristo, nos permite discernir que parte de nuestro compromiso con el Reino es superar las barreras que nos separan. La igualdad y la unidad son parte integral de la verdad de las buenas nuevas que nos revela Cristo. Nadie tiene que abandonar su identidad cultural, pero tampoco puede sostenerla ignorando o separándose del otro. En Cristo somos libres de la ley y del pecado, y tenemos la capacidad de vivir en unidad y armonía en un contexto de ayuda y respeto mutuo.

La unidad entre hebreos y gentiles es la parte esencial de la realización histórica concreta del pacto con Dios; esta unidad identifica al pueblo escogido como el agente cuya misión es ser una bendición para todos los pueblos. De esta unidad una nueva humanidad está por nacer (nosotros diríamos la humanidad mestiza/mulata). Esta nueva humanidad es la iglesia que busca la vida en abundancia para todos y que es modelo de la unidad, la libertad y el amor que tenemos en Cristo.

La ley

Pablo, como buen judío, reconocía la relación que existía entre la ley y el amor en la visión hebrea. Él entendió que Jesús no vino para destruir la ley sino para realizarla a plenitud. Para él, la ley era santa, justa y buena. Sin embargo, como medio de salvación, la ley era un fracaso, ya que nadie era capaz de cumplir sus dictados a cabalidad. Jesús no niega el valor de la ley, pero sí nos libera del yugo de la ley. La justificación y la salvación se dan por la fe en Jesús que nos da la salvación, aun cuando queda claro, a la luz de la ley, que nosotros no merecemos ser salvos. Recordemos que para Pablo la fe es necesaria para vivir ética y moralmente. La fe no es mera creencia o ejercicio intelectual, es más bien un compromiso ético moral, una postura y opción de vida, la práctica de nuestro compromiso con Jesús. La salvación es por la fe, mas la fe necesariamente conlleva y se manifiesta en buenas obras (Hch. 2:41–47).

Pablo entiende a plenitud que el problema no es la ley como tal. La ley parte de la gracia de Dios, la ley es de carácter espiritual. El problema es la naturaleza humana que vive esclavizada por el pecado. La ley desempeña tanto un papel positivo como negativo en el pensamiento de Pablo. Por un lado, o negativamente hablando, la ley nos alienta al pecado, ya que nos tienta para hacer lo que prohíbe. La ley define al pecado, condena al pecado y nos tienta al pecado. Lo que la ley no puede hacer es librarnos del pecado.

¿En qué sentido la ley es expresión de la gracia de Dios? ¿Tiene la ley algún propósito positivo? Pablo reconoce varios propósitos de la ley: 1) Sirve de tutor, de guía espiritual y moral, y nos prepara para recibir la gracia plena que nos brinda Jesús, el maestro que nos enseña la moral verdadera; 2) Dado que no podemos cumplir lo que la ley nos pide, ésta también nos ayuda a reconocer el carácter inevitable de nuestra inclinación a pecar y nuestra dependencia de Dios para la redención y salvación, así que la ley condena nuestro pecado y nos hace conscientes de que nuestra salvación es dada por Dios; 3) La ley también nos lleva al arrepentimiento, que implica la renovación de nuestra mente o de nuestra manera de ver y relacionarnos con el mundo. Una nueva conducta moral necesita un cambio de visión e interpretación del mundo.

La relación entre amo y esclavo

Pablo no se opone a la práctica social y política de la esclavitud que era común en su contexto social. Muchos intérpretes de Pablo alegan que él meramente acepta esta convención social y no la cuestiona porque no concibe otra posibilidad. Otros especulan que Pablo no quería hacer pronunciamientos políticos ni sociales de carácter radical porque estaba convencido de que Cristo estaba por regresar y, por lo tanto, no había necesidad de tales posturas. Otros especulan que el silencio de Pablo es de carácter pragmático, que Pablo no denuncia esta práctica romana-hebrea porque teme que las autoridades puedan perseguir y destruir a la iglesia. Tenemos que recordar que la condición precaria de la iglesia primitiva, su falta de poder y la probabilidad de que los opresores la eliminaran de la historia, hacen que Pablo guarde silencio.

Pablo, sin embargo, alienta a los miembros de la iglesia a que busquen la unidad de la comunidad aunque no eliminen la diferencia entre amos y esclavos. En la comunidad de Cristo las diferencias sociales se tienen que relativizar, y nuestra obligación es tratar a todos como si fueran iguales. Tenemos que reconocer que el Reino todavía no está completamente entre nosotros y que tenemos que establecer nuevas relaciones dentro de la comunidad de fe. Aunque Pablo apela, él no requiere, ni ordena, el trato igual dentro de la iglesia. La comunidad de fe, no el individuo, es quien está llamado a decidir en estos asuntos.

La relación entre hombres y mujeres

En Cristo, tanto los hombres como las mujeres adquieren una nueva identidad. Esta nueva identidad lleva al creyente al reconocimiento y sumisión mutua. Aunque Pablo no reta públicamente la convención social de la superioridad del hombre, es importante notar que él no afirma la sumisión de la mujer, sino la sumisión recíproca, que la obligación de amar y de servir son recíprocas. También es importante notar que Pablo comienza su consejo dirigiéndose a la mujer. Hace esto, no porque ella sea inferior, sino como símbolo de respeto. Dirigirse a la mujer es una manera de reconocerla y honrarla, en particular en aquel contexto social que las hacía tan invisibles que no tenía sentido dirigirse a ellas. El sugerirle a los hombres que practiquen la sumisión ante la mujer también eleva el estatus de ellas. La libertad que Cristo nos da no es para la independencia el uno del otro, y mucho menos para hacer lo que uno quiera (esto es cierto tanto para hombres como para mujeres), sino que la libertad en Cristo es para el servicio, apoyo y edificación mutua. Sólo con la reconciliación, la unidad y la reciprocidad se puede realizar el amor. Recordemos que tanto Priscila como Febe eran colegas y contribuyentes de Pablo en el ministerio.

El matrimonio también se rige por este principio de igualdad en Cristo y amor y reconocimiento mutuo. El hombre ha de honrar a su esposa como ella está llamada a honrarlo a él. El matrimonio se entiende como dádiva de Dios y se debe honrar, pero lo mismo es cierto del celibato. En principio, el celibato no es superior, pero tampoco lo es el matrimonio. Ambos proveen ocasión para servir a las demandas del Reino. La libertad que tenemos en Cristo no nos permite ser irresponsables en nuestras relaciones matrimoniales. Las responsabilidades y deberes del matrimonio se tienen que cumplir a cabalidad, en particular las responsabilidades hacia los niños. Pablo se opone al divorcio, pero si uno está casado con una persona no cristiana y nos pide el divorcio, se lo debemos conceder.

El dinero y la riqueza

Pablo no se preocupa mucho con la realidad de la pobreza ni con los pobres. Esto no es un asunto urgente o central a su pensamiento moral. La visión escatológica de su sociedad lo lleva a relativizar la importancia de la propiedad, el dinero y la riqueza. Pablo no condena ni rechaza a los ricos ni a la riqueza. No encontramos en sus epístolas ningún llamado a renunciar a la riqueza. Lo que sí enfatiza es que tengamos buena disciplina de trabajo para no ser carga a la comunidad. Lograr un cierto grado de independencia económica es bueno tanto para el individuo como para la comunidad de la cual es miembro. Al mismo tiempo, Pablo no nos alienta a que trabajemos para mejorar nuestra condición económica. Su visión económica es más conservadora: nos recomienda que aceptemos nuestro nivel económico y que nos conformemos y aprendamos a vivir con lo que tenemos.

Aunque los pobres no son una preocupación central en el pensamiento paulino y él no recomienda que luchemos para establecer la igualdad económica entre los miembros de la iglesia, uno sí tiene que reconocer al pobre como un hermano y, como tal, tiene que brindarle ayuda y hospitalidad. La falta de preocupación o el ignorar la condición del pobre es una violación del acto y espíritu de la comunión. La generosidad responsable y la hospitalidad de los ricos hacia los pobres son expresión de la presencia del Espíritu Santo y tienen un carácter sacramental. Esta es la única forma de fomentar la igualdad dentro de la comunidad de fe. La riqueza, por tanto, no debe atarnos, sino darnos la libertad de servir a los propósitos de la iglesia.

La política

Pablo ve al estado político como una organización ordenada por Dios que tiene la capacidad de promover la justicia y la paz. El estado tiene la función o responsabilidad de proteger al inocente y promover el bien común: cobrando impuestos, resistiendo, previniendo y castigando el mal, y manteniendo el orden social que permita la realización humana. Siempre y cuando el estado político no actúe u ordene algo que implique idolatría o falta de lealtad a Dios, uno debe someterse y obedecer sus decretos. La obediencia política y el orden social nos permiten amar a nuestro prójimo hasta que Dios venga y complete su Reino de amor y justicia.

Pablo parece indicar que nunca debemos abandonar nuestras responsabilidades y obligaciones en el mundo. Al contrario, nuestro llamado a ser seguidores del camino de Jesús implica que debemos realizar todas nuestras obligaciones de manera que contribuyan a la obra de Cristo y al bienestar humano. Aunque Pablo asume, sin cuestionar de manera significativa los patrones morales de la sociedad en la que ejerce su ministerio, por el mero hecho de que los pone en el contexto de mutua sumisión a Cristo, abre la posibilidad de que estos patrones tradicionales se transformen significativamente en relaciones de mutuo reconocimiento y ayuda.

La imitación de Cristo, por tanto, es central al pensamiento del apóstol Pablo. Debemos vivir éticamente, ya que la vida moral, la generosidad responsable, la humildad, el reconocimiento y respeto al prójimo, la justicia y el amor son parte integral de la vida de Jesús. Debemos recordar que cuando Pablo nos alienta a imitarlo, lo que realmente nos dice es que imitemos a Cristo al igual que él trata de imitarlo.

NOTAS

[1] Una obra clásica sobre la ética bíblica, que cubre tanto al Antiguo como al Nuevo Testamento, es la obra del autor bautista R.E.O. White. *Biblical Ethics (*Atlanta: John Knox Press, 1979). Existe traducción en español.

Capítulo 5
Las contribuciones de la teología a la ética cristiana

A la luz de todo lo que hemos dicho hasta ahora debe quedar claro que la fe cristiana es mucho más que un sistema de creencias. La fe cristiana es una opción de vida, y parte integral de esta manera de vivir es la capacidad de hacer decisiones morales. El cristiano está llamado a predicar y a ser testigo de la verdad, al igual que vivir de manera concreta y consistente con esa verdad que predica. Somos, por tanto, hacedores de la verdad, no sólo predicadores y oyentes de la verdad (Stg. 1:22); porque oír la verdad implica hacer la verdad (Mt. 7:24).

En este capítulo, nuestro propósito es recalcar las contribuciones que nuestra multifacética tradición teológica ha hecho a nuestra comprensión de la realidad ética-moral. Resaltaremos los elementos mínimos y básicos que tanto la tradición bíblica como la tradición teológica enfatizan que debemos tener en mente durante el proceso de tomar decisiones morales. Estos elementos contribuirán a desarrollar un estilo, o método, para hacer decisiones que permitan responder a los retos morales que enfrentamos en nuestra vida de tal manera que sean consistentes con nuestra fe y sentido de responsabilidad hacia Dios y nuestro prójimo.

Las dimensiones teológicas de la decisión moral

El principal reto que hoy día enfrentamos todos nosotros es determinar lo que es bueno y lo que es malo. El segundo reto es, una vez que ya sabemos lo que debemos hacer, cómo desarrollar la valentía para actuar sobre lo bueno. Dada la diversidad de valores que nos presentan los textos y la tradición teológica, ¿cómo podemos nosotros, los cristianos, hacer decisiones morales estando más seguros de que lo que hacemos es realmente bueno?

Antes que nada, tenemos que reconocer que ser cristianos no es garantía ni prueba de que todas nuestras decisiones morales sean correctas y que nos llevan a los resultados que perseguimos. Nuestra condición de pecado distorsiona tanto nuestro entendimiento como nuestro actuar. Por lo tanto, en cuestiones morales, es indispensable reconocer que aunque uno intente y realmente se esfuerce lo más que pueda para hacer lo bueno, aun así uno se puede equivocar. En el ámbito moral ético nunca hay seguridad absoluta, sin embargo, sí podemos minimizar la cantidad y extensión de los errores. Reconocemos que las fórmulas fáciles no existen, pero nos ayudará sobremanera tener un método para actuar.

Minimizamos la cantidad y extensión de los errores cuando actuamos y decidimos basándonos en postulados que recogen y expresan lo mejor de la tradición cristiana; es decir, cuando nuestras decisiones y acciones se regulan, decidimos y actuamos por un método moral. Éste mejorará significativamente nuestras posibilidades para lograr el bien que deseamos. Necesitamos un método de decisión moral que tenga base bíblica, que sea consistente con nuestras creencias teológicas básicas y que sea creíble y pertinente a nuestra experiencia.

Consideraciones y postulados formales

A nivel formal y a la luz de lo que hemos visto en nuestro breve recuento teológico, reconocemos la importancia de lo siguiente:

1. Ser fiel a nuestro carácter cristiano (o formar nuestro carácter de acuerdo a la visión cristiana de lo que es bueno). Tenemos que decidir y actuar a la luz de lo que creemos y cultivar las virtudes de disciplina personal; serenidad de reflexión e inclinación a discernir lo que estamos llamados a hacer en diálogo con los hermanos y hermanas en la fe; desarrollo de actitudes de amor, paz, justicia, imparcialidad, gratitud, coraje o valentía para actuar a la luz de nuestras convicciones; e integridad personal. Estos hábitos del corazón se forman en la familia, la iglesia, la comunidad, las escuelas. Es por esto que estamos llamados a ser sujetos activos en la formación del carácter moral de todas nuestras comunidades, porque es viviendo y participando en la formación de comunidades morales como desarrollamos nuestro carácter.

2. Analizar los hechos de manera honesta y lo más completamente que sea posible. La información parcial o incorrecta sobre los datos llevará a tomar una mala decisión. El discernimiento moral necesita analizar y evaluar cuidadosamente los hechos, reconociendo que éstos son interpretados, sentidos y evaluados por nosotros a la luz de nuestras creencias, convicciones, temores, deseos y valores. Es importante reconocer nuestros propios prejuicios o inclinaciones personales. Es indispensable preguntar quién, qué, dónde, cuándo, por qué y cómo, para determinar tanto el papel de los agentes que son centrales al caso moral, al igual que para determinar las circunstancias alrededor de éste. Hay que tratar de discernir no sólo lo que hicieron las personas, sino también su punto de vista y los motivos que las llevaron a actuar de esa manera.

3. Acatar las normas de conducta moral. Una vez que entendemos el asunto, las personas que están involucradas y las alternativas que tenemos ante nosotros, ahora hemos de identificar los valores que guiará nuestro actuar. Para ello, debemos considerar las reglas y guías que nos provee la sociedad y nuestra comunidad de fe. Esto no quiere decir que sean leyes absolutas, sino guías que revelan la sabiduría de nuestro pueblo. En cuestiones morales, uno debe actuar en base a reglas que encarnen la sabiduría de la comunidad de fe. Estas reglas nos ayudarán a determinar y optar por aquello que aumente el bien social, o que al menos traiga el menor mal. Toda regla tiene su razón de ser o un valor que se puede definir como principio. Éste nos ayuda a definir e identificar las obligaciones y deberes que debemos cumplir, es como una brújula que nos dirige hacia lo que es bueno. Un cristiano debe ser capaz de mencionar las normas, valores y principios que confirman que su decisión es la correcta. Tenemos que ordenar los valores, unas veces seleccionando el bien supremo y otras decidiendo por lo menos malo. También es necesario explorar todas las opciones, identificar todas las alternativas obvias, buscar otras y juzgar las diferentes opciones disponibles.

4. Considerar cuidadosamente las consecuencias de nuestras acciones. Una de las pruebas más importantes para el carácter moral de nuestras acciones es determinar cuáles fueron las consecuencias de lo que hicimos. La moral se enfatiza en cómo nuestra forma de comportarnos afecta las posibilidades de vida de nuestro prójimo. Por tanto, es importante tener en mente cómo nuestras acciones perjudican o contribuyen al bien de otros. Las consecuencias de nuestras acciones son parte integral de nuestro discernimiento ético. En cuanto a las consecuencias, debemos considerar cuáles son benéficas y cuáles dañinas, cuáles son a corto plazo y cuáles a largo plazo. Sin embargo, es importante reconocer que no podemos vivir a la luz de la consecuencias solamente, porque son difíciles de predecir y no hay seguridad de que las lograremos. Algunas buenas consecuencias nos llevan a hacer lo moralmente malo, y eso no quiere decir que lo que hicimos esté bien. Al contrario, tenemos que arrepentirnos y hacer contrición por esa conducta.

5. Actuar responsablemente. Aunque las reglas morales nos ayudan a actuar moralmente, sabemos que las reglas no pueden cubrir todos los casos. También sabemos que hay ocasiones en que tenemos que desobedecer las reglas o crear nuevas para lograr el bien que debemos hacer. Es por esto que al iniciar nuestras acciones hay que prestar atención cuidadosa a la situación y responder a ésta de manera responsable y adecuada.

6. Discernir la dimensión política/pública. Nuestros actos morales deben contribuir a la creación y sostenimiento de instituciones sociales justas. Nuestro actuar y ser moral se da en contextos sociales y políticos de carácter pluralista y, por tanto, debemos cultivar la disposición de justificar lo que hacemos y de oír las críticas de los «otros» con quienes convivimos.

Consideraciones y postulados sustanciales

A un nivel más sustantivo, quiero formular postulados bíblico-teológicos que deben ser parte de toda consideración moral cristiana.

El primer postulado establece que todo lo que Dios ha creado es bueno. La creación es el medio por el cual Dios, y nosotros sus discípulos, logramos el bien humano y la realización más plena de nuestra humanidad. La realización más plena del amor entre Dios y el ser humano, y de los seres humanos entre sí, se da por medio de la creación. Dios es justo precisamente porque comparte los frutos de su creación equitativamente, y es por esto que los seres humanos debemos luchar por la justicia: para que todos tengan acceso a lo que necesitan para vivir abundantemente. El dualismo radical entre lo material y lo espiritual, el espíritu ascético radical, al igual que las doctrinas que alegan que lo creado es malo (docetismo y gnosticismo) no sólo distorsionan la visión bíblica, sino también lo mejor de nuestra tradición teológica. La creación, sin embargo, es finita y la finitud implica la posibilidad de accidentes, distorsiones y sufrimiento, tal como se expresa en los desastres naturales que afectan nuestra vida de forma negativa. Sin embargo, en la visión bíblico-teológica, la finitud no es moralmente mala y no niega el amor de Dios ni el carácter esencialmente bueno de su creación.

Así pues, cuando una cierta acción cuestiona el carácter esencialmente bueno de la creación, nuestra inclinación debe ser a afirmar el bien de la creación. Es por esto que nuestra tradición teológica se ha opuesto al suicidio. El asunto no es castigar al que se suicidó (si tal cosa fuera posible), mucho menos a su familia (que es lo que realmente hacemos), el asunto es que la comunidad de fe debería estar alerta para percibir los factores que llevan a una persona a ese acto extremo, que niega el valor y el carácter bueno de su existencia. La comunidad de fe debe ser parte de la lucha para cambiar las condiciones de vida, soledad, pobreza, falta de autoestima y de significado social, que llevan a que una persona no le encuentre valor a su existencia. Nada debería llevar a un individuo a esta opción extrema. La comunidad de fe no es neutral en este caso y debe optar por prácticas sociales y personales que creen condiciones sociales y personales que le permitan a todo individuo afirmar lo bueno de su ser como criatura creada por Dios. El que da su vida como sacrificio para que otro viva, pero que no tenía como intención acelerar su muerte, no comete propiamente un acto de suicidio. El fin es que otros disfruten lo bueno de ser criaturas, lo cual afirma la convicción que estamos examinando.

En el caso de los abortos, de terminar el tratamiento de pacientes que están por morir, de la eutanasia (en la que un paciente le pide a su médico o a un familiar/amigo que lo ayude a morir, que desarrollaremos con más detalle en el próximo capítulo), este postulado nos llama a resistir o decir que no, hasta que quede claro que esto es un mal necesario y moralmente permitido.

La afirmación de que la creación es buena también implica la afirmación de nuestra vida sexual y sensual. El sexo y la vida sexual no son malas en sí, ni son un mal necesario. Son parte del plan de la creación de Dios y un vehículo indispensable de la unidad reconciliadora del amor. Todo juicio que asume que la sexualidad es mala o sucia está equivocado. La sexualidad, sin embargo, requiere disciplina y estructura si ha de lograr el fin unificador, de reconciliación y de ser parte de la realización plena del ser humano. El disfrute sensorial de toda la creación también se afirma por el postulado del carácter bueno de la creación. No tenemos que negarnos el disfrute sensual y material, lo que sí debemos tener en mente es que lo sensual y lo material no agotan el significado de nuestra vida y que están al servicio de nuestro crecimiento espiritual. Finalmente, este postulado también afirma el valor de la naturaleza y de nuestra responsabilidad de usarla de tal manera que honre nuestra conexión con el mundo natural. Tenemos que reconocer que somos parte integral de la naturaleza y que vivimos dentro de ella, y que ella provee el único hogar que conocemos. Nuestra relación con la naturaleza tiene que respetar límites y tiene que ser responsable en términos de sostener su viabilidad. Este postulado prohíbe la explotación, el abuso y la falta de consideración en el uso de los recursos naturales. Finalmente, debe quedar claro que afirmar el carácter intrínsecamente bueno de la creación implica la oposición al desarrollo de armas nucleares porque éstas tienen la capacidad de destruir la creación que Dios nos ha dado. En síntesis, el postulado de que el origen de la creación está en Dios, tiene implicaciones que son significativas para nuestra reflexión moral.

El segundo postulado afirma el valor y la dignidad del ser humano. Los cristianos afirmamos el valor y la dignidad del ser humano no en sí mismo, sino por la relación que tiene con Dios. Nuestro pecado no disminuye nuestra dignidad, precisamente porque, a pesar del pecado, Dios es fiel en su relación con nosotros. Y lo que Dios ama nadie debe rechazarlo o minimizarlo. Notemos el hecho de que cuando Dios se revela en la figura de Cristo, esto indica el valor que Dios le da a los seres humanos. Somos de valor porque somos creados a imagen y semejanza de Dios. Cada ser humano, sea creyente o no, tiene valor porque Dios se lo otorga. Cada vez que actuamos o apoyamos políticas que en principio le roban su valor a un sector de nuestra humanidad, como frecuentemente hacemos con los pobres y con los carentes de poder, violamos este imperativo religioso. Lo mismo es cierto de cualquier práctica, ya sea racista, misógina o contra los que son culturalmente diferentes a nosotros.

El valor del ser humano es la razón por la que los cristianos no deben apoyar la pena de muerte. Es posible que en situaciones extremas la pena de muerte sea necesaria (si es la única manera de salvar vidas o mantener la comunidad), sin embargo, nuestra preferencia debe ser en contra de tal práctica. Es muy posible que la pena de muerte sea uno de los factores que contribuye a la falta de respeto de la vida ajena que parece prevalecer en nuestro contexto cultural. El respeto a la vida nos llama a ser considerados con nuestros enemigos. Aun en situación de guerra, uno tiene que tratar al enemigo con el respeto que se le debe a todo ser humano, y no dejar que la ideología y el lenguaje del enemigo nos haga inconscientes o ciegos al hecho de que este ser humano es mi prójimo. Cada vez que negamos o no reconocemos la humanidad de la otra persona, terminamos dándonos permiso para abusar de ella o matarla.

Valorar la vida de todo ser humano lleva a un compromiso con la libertad. La libertad nos hace agentes morales, es lo que permite la expresión de nuestro ser tanto en palabra como en los hechos, y sin ella minimizamos nuestra capacidad creativa. La libertad es básica para nuestra expresión y auténtica vida de relación con nuestro Dios y nuestros conciudadanos. Los derechos civiles tienen como fin defender la libertad del individuo para expresarse y ser genuino y auténtico, aunque esto implica que a veces no se sigan las convenciones sociales dominantes. Todo lo que disminuya nuestra capacidad de expresión, de asociación, de iniciativas sociales para expresar y organizar nuestras ideas (aunque sean disidentes), viola el postulado que afirma la dignidad humana.

El tercer postulado afirma la unidad humana. Todos hemos sido creados por Dios y esto implica que no importa las diferencias reales que existan entre nosotros, todos somos iguales o somos más iguales que desiguales. También establece la centralidad de nuestra naturaleza social. Parte del propósito de la vida cristiana es derribar las barreras que nos mantienen separados y buscar nuevas formas de comunidad de ayuda mutua que nos lleven a la realización de nuestra unidad básica (Ef. 2). La unidad que tenemos en Dios es lo que nos permite lograr más y más la reconciliación que lleva a una mayor unidad humana.

El amor ágape es la expresión más clara de esa fuerza que nos moviliza a buscar la reconciliación y una mayor unidad humana. Lo primordial del amor no es el sacrificio, sino la mutualidad; el dar y tomar es lo que hace la vida más rica y armónica. Nuestro esfuerzo para amar es la respuesta más propia que los seres humanos podemos dar al amor que Dios tiene para todas sus criaturas. Es importante notar que nuestra identidad, en gran medida, es dádiva de las comunidades que van formando nuestro ser, y poder reconocer lo que nos hace únicos y distintos sólo es posible en el contexto de encuentros con otros seres. Cada vez que consideramos cómo nuestras acciones afectan a otros, debemos hacerlo en plena conciencia de que esos otros, a pesar de la distancia y circunstancias que nos pueden mantener en el anonimato, son nuestros hermanos y hermanas. Todos estamos conectados por muchas redes de relaciones. Hoy día, dado el desarrollo tecnológico y científico, sin importar qué tan lejos estemos, queda claro que vivimos como miembros del mismo barrio o vecindario global. Esta proximidad conlleva la responsabilidad de contribuir al bienestar de otros y nunca considerar o tenerlos por extranjeros. Somos y tenemos que reconocernos como una sola familia. Y en nuestro actuar y vivir tenemos que dar ejemplo práctico de nuestro compromiso con la unidad de la familia humana.

El compromiso con la inclusividad, con romper barreras, no implica la inexistencia de la exclusividad en nuestras relaciones. La exclusividad es parte de nuestro ser como criaturas finitas y de nuestra necesidad de establecer relaciones especiales que sean parte nuestra como personas. Cada vez que dedicamos tiempo a una persona excluimos a otras; el matrimonio, la amistad íntima, las opciones profesionales y familiares tienen en sí un carácter exclusivo. Sin embargo, esta exclusividad no niega la humanidad de los otros, ni es el fin de esas relaciones; y las relaciones de carácter más excluyente no implican la prohibición de tener o establecer relaciones con otras personas. Al contrario, el propósito de la relación es invitar a otros a que participen. Por tanto, como cuestión de principio, todo lo que nos separa (o mantiene separados) tiene un carácter inmoral, mientras que todo lo que fomenta la unidad humana tiene más relación con la moral.

Es por eso que los cristianos se tienen que oponer al racismo, la exclusión intencional de un grupo en base al accidente (es decir, a lo que no es esencial a su ser) de su raza; aunque se pueda justificar que un grupo racial oprimido tenga espacio y recursos para tener reuniones exclusivas. Si el propósito de la separación —ya sea racial, nacional o cultural— es desarrollar destrezas y poder en pro de la unidad, de la mutualidad, entonces la separación se puede justificar. Si el propósito de la separación, en principio, es el separatismo en base a la diferencia racial o cultural, esto es una violación a la visión cristiana de la unidad de la familia humana.

Finalmente, el último principio positivo que nos provee guías para la decisión ético-moral es el principio de **la igualdad de todas las personas en Dios.** Nuestra igualdad es una igualdad de valor en nosotros mismos y porque Dios nos otorga ese valor a todos por igual. Y este valor igual, basado en el amor que Dios nos tiene, es lo que nos define como iguales en todo lo esencial. Dios nos ama por igual a pesar de nuestra inclinación al pecado y actos pecaminosos. El amor de Dios es un don gratuito, no un premio que nos ganamos por nuestra conducta.

La unidad que tenemos en Dios también es fuente de donde brota nuestra igualdad. El amor de Dios nos une al reconocernos como iguales delante de Dios. Nuestra identidad y humanidad nace de nuestras relaciones con otros, así que esta mutualidad implica nuestra igualdad. Por otro lado, la desigualdad nos enajena, no sólo de otros, sino de nuestra propia humanidad. Cuando no hay mutuo reconocimiento y respeto, como muchas veces sucede en las relaciones entre hombres y mujeres, no sólo violamos el principio de igualdad ante Dios, sino que también limitamos y distorsionamos el desarrollo de nuestra propia humanidad. Las diferencias reales que existen entre los hombres y las mujeres son la base para la mutualidad y complementariedad necesarias para la más plena realización del ser humano. Cuando estas diferencias se convierten en la base de roles sociales exclusivos y excluyentes, y en la base para que un género domine y devalúe al otro, ambas partes se deshumanizan.

La falta de reconocimiento de la igualdad lleva a la manipulación y a relaciones de dominación y explotación de unos sobre otros. La humanización mutua sólo se da en el contexto de igualdad y respeto mutuo. Todo lo que impide o estorba a la unidad humana abre las puertas para tratar a otros de manera desigual; todo lo que vicia la igualdad destruye las posibilidades de la unidad humana. La unidad entre desiguales no es una unidad real, a menos que las formas en que se manifiesten esas desigualdades se reconozcan como no importantes o significativas ante la igualdad que nos define como humanos.

La igualdad humana implica dar un trato semejante a todos los seres humanos, particularmente dentro del ámbito de las instituciones sociales. El trato desigual necesita justificarse en particular porque, dada nuestra finitud, no podemos ser tratados de forma igual en todas nuestras relaciones. Los seres humanos demostramos diversidad de talentos y potencialidades que no se pueden y no se deben hacer iguales. Los talentos y potencialidades humanas no se distribuyen de manera igual. Al mismo tiempo, dadas las diferencias en necesidades, necesitamos distribuir los recursos que tenemos de manera desigual para lograr una mayor igualdad de posibilidades entre los diferentes miembros de nuestra sociedad. La distribución desigual también nos ayuda a tener diversidad de funciones sociales que contribuyen al bienestar común. No sólo la necesidad, sino también el mérito que lleva implícito el compromiso con un cierto proyecto, justifica el trato desigual. La compensación preferencial (dinero, estatus, poder) por el cumplimiento de ciertas tareas sociales es parte integral de nuestra realidad. Sin embargo, la visión cristiana demanda que estas diferencias no minen la igualdad que define y sostiene las posibilidades de nuestra vida en sociedad, ni las posibilidades de mutualidad. Una de las formas en que se puede justificar la desigualdad en la distribución de bienes y privilegios es ver si los más pobres y los sin poder están dispuestos a aceptar que otros tengan más que ellos, porque ésta sería la única manera en que su posición social mejoraría y porque así se adelantaría el bien común.

La desigualdad social se puede justificar cuando no tenerla o no permitirla produce más daño y más desigualdad social que si se permitiera. Sin embargo, el compromiso social del cristiano es con la igualdad social y la búsqueda de formas para promoverla. Desde el punto de vista cristiano, la no igualdad, aun cuando se pueda justificar, tiene un costo moral. Hay formas de desigualdad que nos separan de manera casi absoluta del otro y no permiten que reconozcamos, ni que respondamos, a la humanidad del prójimo. Es por esto que, aunque se justifiquen algunas formas de desigualdad, la fe cristiana nos llama a limitar qué tan desiguales podemos ser.

Además de los postulados positivos de la fe, hay varios postulados de carácter más negativo que también son centrales para nuestra tarea al hacer juicios morales. Dos postulados negativos que demuestran los límites de lo que es humanamente posible, y que hacen necesario que existan excepciones morales, son la finitud y el pecado. Estos postulados negativos nos permiten hacer decisiones realistas porque toman en cuenta la totalidad de nuestra naturaleza, los límites de la perfección personal y la realización de la justicia y la paz.

El postulado de la finitud humana implica que nuestro conocimiento es limitado e imperfecto. Somos criaturas que solamente experimentan una parte muy pequeña de la realidad total en la que vivimos. Por consecuencia, tanto nuestra interpretación de lo que ocurre como nuestra capacidad de actuar, también son muy limitadas. Hay muchas cosas que no podemos entender ni hacer. El misterio divino implica que hay dimensiones de Dios que permanecen ocultos para nosotros. Nuestros juicios morales, por tanto, siempre tienen la posibilidad de estar equivocados. Por eso es tan importante hacer juicios en los que otras personas puedan contribuir para tener una visión e interpretación más clara de lo que sucedió y de lo que debemos hacer.

El postulado del pecado humano es otro factor que afecta significativamente nuestra forma de entender lo que sucede y la forma en que actuamos. Desde la perspectiva cristiana, asumimos que todos los seres humanos son pecadores y que la tendencia al pecado es inevitable y real. Incluso quienes viven bajo la gracia siguen luchando con la realidad de su condición pecaminosa. A pesar de la gracia, que siempre poseemos solamente en principio, en realidad vivimos con la inclinación al pecado, con la inclinación a hacer de nosotros mismos el centro de nuestra vida. Una cosa es afirmar que por la gracia de Dios es posible sobreponernos a nuestra inclinación al pecado, y otra cosa, muy diferente, es reclamar que poseemos la gracia y que ya no nos afecta el pecado.

El gran peligro que corremos todos los cristianos es que hagamos ese último reclamo. Es mejor declarar que cada individuo y cada grupo vive bajo la tensión y en la lucha de estar simultáneamente bajo la gracia y bajo el poder del pecado. Esto nos permitirá hacer evaluaciones más críticas y equilibradas sobre otros movimientos y personas. También creará la disposición para estar alertas a la influencia de las fuerzas negativas y las fuerzas positivas. Al mismo tiempo, podemos declarar que todos somos pecadores y que claramente unos pecan más que otros. Tenemos que admitir que declarar quién vive bajo el dominio del pecado y quién vive bajo el dominio de la gracia es un juicio para el que nosotros, los seres humanos, no tenemos ni la perspectiva, ni la capacidad ni el poder para hacerlo con certeza. Tales juicios sólo los puede hacer Dios. Cada individuo debería dedicar menos tiempo a juzgar el pecado de otros y más tiempo a confesar el suyo, o su inclinación de querer ser su propio dios.

Basándonos en estos dos últimos principios, los cristianos siempre debemos sospechar de los líderes políticos, religiosos y sociales que afirman tener toda la verdad y que su único interés son los otros cuando nos presentan sus creencias y políticas. Nadie es perfectamente sabio ni perfectamente bueno. Esto es cierto tanto de individuos como de movimientos sociales y religiosos. Los reclamos de perfección moral deben ser tratados por los cristianos como una señal de que hay algo que anda mal. La actitud cristiana debe ser de juicio crítico, siempre buscando lo que hay de cierto y bueno en cada movimiento social y pensamiento humano, al igual que en cada persona. El centro debe colocarse en hacer juicios particulares y no en hacer aseveraciones generales que, en principio, siempre nos limitan e impiden que entremos en reflexión crítica.

En todo conflicto social la actitud cristiana debe ser la de realizar juicios críticos sobre todos los que son parte del conflicto. No se puede permitir que solamente uno de los individuos o grupos interprete y dicte lo que es justo para todos y lo que los demás deberían hacer. Es necesario reconocer que en todo conflicto social se tiende a querer implementar la interpretación y las políticas a seguir que sirven a los intereses de quienes las promueven. El cristiano siempre debe sospechar de quienes alegan la capacidad de tener un punto de vista universal y por lo tanto pueden discernir y dictar lo que es mejor para el bien común. Normalmente, esos reclamos intentan encubrir la manera en que aquello que se propone está al servicio del interés propio. Es por esto que los cristianos serán prudentes al mantener dos aspectos prácticos durante el proceso de hacer decisiones morales.

El primero es que siempre se debe cuestionar si uno mismo está haciendo o tomando decisiones en base de intereses propios. El otro, en parte producto de la teología de la liberación, es que uno debe darle prioridad a los intereses de los pobres y de los que no tienen poder. Esto deja claro que es peligroso asumir que quienes tienen poder ya por ello son virtuosos o moralmente superiores. Es mejor tratar de dar poder a los pobres para que ellos mismos puedan expresar y defender sus intereses. Esto no implica que los poderosos sean en sí más pecadores que los pobres, lo que sí implica es que, sin lugar a dudas, los poderosos tienen una mayor capacidad para expresar su tendencia al pecado de manera práctica y de imponer su interés en otros.

Es importante notar que, en el ámbito moral ético, todos tenemos que enfrentar la pregunta de hasta qué grado tengo que o estoy llamado a aceptar, tolerar, comprometerme con el mal y lo malo; de hasta dónde estoy llamado a hacer excepciones dados los peligros y las necesidades de vivir en sociedad. Muchas veces aceptamos algo que sabemos que viola nuestra fe porque creemos que es necesario para controlar el pecado humano y tener un mayor grado de orden social.

Recordemos que el pecado y el mal no se pueden identificar totalmente. No son lo mismo, aunque hay relación entre ellos. El pecado tiene que ver con la actitud y la voluntad humana; con la decisión y actitud que intencionalmente violan el bien; es rechazar, no dar atención, o no buscar lo que es bueno. El mal se refiere más bien a una condición o efecto que frustra la realización de lo bueno, ya sea que esté o no motivado por el pecado. El mal es la frustración del bien que Dios desea y tiene como su intención. Escoger el mal menor puede muy bien ser un acto moral cuando todas las otras posibilidades seguramente resulten en un mal.

Dada la condición de pecado en el mundo, todo parece indicar que muchas veces estamos llamados a hacer un mal para que resulte o se logre un bien. Es importante tener en mente que la única manera en que podemos realizar el bien es en la creación, y que en la creación existe mucha distorsión, y que muchas veces no podemos escapar a hacer el mal para promover el bien. La perfección de obediencia en Cristo no se puede empujar a tal grado que se sacrifique el bien real, aunque imperfecto, que se pueda lograr en la historia. A veces podemos hacer cosas negativas que tienen consecuencias afines con la redención que Dios nos promete. En estos casos, el mal tiene que intentar lograr el bien y tenemos que ser responsables para determinar los límites de nuestras acciones. La paz, las políticas y los impuestos muchas veces se establecen por medio de la coerción y la amenaza o práctica de la violencia. Sin embargo, ¿quién puede negar que muchas veces han resultado en mayor justicia, igualdad y libertad? Nosotros tenemos responsabilidad histórica no sólo de ser discípulos perfectos, sino también de contribuir a mejorar la condición humana. Debemos hacer el mal solamente cuando no haya otra alternativa y cuando nuestro fin sea lograr la realización de los propósitos de Dios para su creación.

Capítulo 6
Retos morales que enfrenta la comunidad cristiana

En este capítulo nuestro propósito es usar los principios bíblicos, teológicos y éticos que hemos elaborado en los capítulos anteriores para analizar algunos de los retos morales que la comunidad cristiana enfrenta en la actualidad.

Algunas reflexiones sobre la sexualidad y el matrimonio

En los últimos años, las normas y prácticas sociales que rigen el ámbito de la sexualidad han cambiado significativamente. Muchos de estos cambios son producto de los adelantos en el campo de la tecnología reproductiva. Esta tecnología le ha dado al ser humano una mayor capacidad para controlar su reproducción y esto ha ampliado significativamente el ámbito de su libertad. Tener la capacidad de planificar el tiempo más apropiado para tener niños y la cantidad que queremos tener, nos permite dedicar más tiempo a actividades que contribuyan a la auto-realización. La planificación familiar también nos ayuda a controlar la población, que es un requisito indispensable para mejorar el nivel y la calidad de vida y también para proteger el medio ambiente.

Otros elementos positivos que son parte de las nuevas actitudes ante la sexualidad incluyen las siguientes: 1) mayor énfasis a la dimensión comunitaria-unificadora y de deleite-disfrute que es parte de nuestra vida sexual; 2) la sexualidad como un bien o como parte integral de la buena vida, en vez de ser vista como un mal necesario; y 3) una mayor libertad personal para que la mujer pueda dirigir su vida sexual y tenga una mayor igualdad con el hombre en el ámbito de la responsabilidad sexual. Estos y otros cambios similares caben dentro de la visión cristiana sobre la sexualidad que proclama el carácter fundamentalmente bueno de la creación, incluyendo la creación de nuestra identidad sexual y de la intención de Dios de promover la igualdad y respeto mutuo entre todas sus criaturas.

Por otro lado, no todos los cambios y actitudes sobre la sexualidad han sido positivos. Esto no debe sorprendernos, ya que nuestra tradición bíblico-teológica nos hace conscientes de que, a pesar de nuestra mayor libertad, seguimos siendo seres limitados (finitos) con inclinación al pecado. Entonces, como pecadores, tendemos a distorsionar el bien que Dios nos da, al igual que los bienes que nosotros mismos contribuimos a la creación. Como seres finitos, somos incapaces de calcular y predecir todas las consecuencias que resultarán de nuestras acciones y actividad creativa. Nadie pudo prever, por ejemplo, que los métodos anticonceptivos (cuya intención era promover la sexualidad responsable, aumentar la libertad humana, y crear las mejores condiciones para la llegada de niños a nuestras vidas) alentaría a los jóvenes a iniciar su actividad sexual antes de tener la madurez emocional necesaria para establecer este tipo de relación. Tampoco nadie previó que las dinámicas del libre mercado llevarían a la comercialización de la sexualidad que, por un lado, sobre enfatiza y presenta a la sexualidad como el centro del significado de nuestra vida, mientras que, por el otro, reduce la sexualidad humana al nivel sensorial biológico más básico y hedonista.

La combinación de éstos y otros factores sociales han contribuido a la irresponsabilidad sexual. No sólo tenemos más y más adolescentes-niñas embarazadas y convirtiéndose en madres prematuramente, sino que también los abortos han aumentado significativamente, ha aumentado el número de madres solteras y se establecen menos compromisos para vivir en pareja, ya que muchos son los hombres que no asumen ninguna responsabilidad por sus hijos o hijas. Entre las personas sexualmente activas, la promiscuidad ha aumentado significativamente al igual que las enfermedades e infecciones sexualmente transmitidas.

Esta ambigüedad en la actividad y práctica sexual contemporánea hace necesario que examinemos la actitud que, como cristianos, debemos tener sobre la sexualidad. Antes que nada, debemos reconocer que parte de nuestra historia, como de nuestra tradición teológica y bíblica, promueve expresiones negativas sobre la sexualidad. Existen corrientes de pensamiento dentro de nuestra fe, influenciadas por el platonismo, el gnosticismo y el ascetismo, que identifican la creación y la vida material como inherentemente mala e incorrectamente identifican nuestra corporalidad, y en particular nuestra sexualidad, como la base del pecado. Desde esa perspectiva, la sexualidad es un mal necesario que se debe suprimir y evitar a toda costa y, si esto no fuera posible, entonces se tiene que disciplinar y controlar severamente.

Teólogos como San Agustín, Santo Tomás, Martín Lutero, Juan Calvino y Juan Wesley propagaron ese tipo de actitud negativa hacia la sexualidad humana. Sus sospechas sobre los peligros potenciales de la sexualidad los llevaron a recomendar un alto nivel de disciplina sexual. Todos argumentan que la sexualidad se debería limitar a y disciplinar con la institución del matrimonio. Para estos teólogos, el propósito principal de la sexualidad es la procreación. La institución del matrimonio, por tanto, ayuda a reducir la tendencia hacia la fornicación y crea condiciones favorables para la fidelidad y la mutualidad. Tradicionalmente, los autores protestantes enfatizaron más la dimensión de unión y compromiso comunitario de la sexualidad humana.

Hoy día los cristianos reconocemos que nuestra sexualidad es mucho más que el simple sexo. Nuestra sexualidad se relaciona más a nuestra corporalidad que a la práctica sexual. Parte integral de nuestra identidad como seres humanos es que somos seres sexuales-sensuales. La sexualidad, aunque es parte integral, no agota la totalidad de nuestra identidad. Así fue como Dios nos creó y, por tanto, nuestra sexualidad-sensualidad es intrínsecamente buena. La actitud actual hacia nuestra sexualidad y el sexo es más positiva.

Ahora, la sexualidad y el sexo se ven como una expresión del amor o de la fuerza de unión por la cual Dios está reconciliando a toda su creación, otra manera en que Dios nos llama al compañerismo y nos alienta a buscar relaciones con otros. La sexualidad nos hace más conscientes de nuestra naturaleza social, de que el ser humano no se creó para vivir solo, sino para vivir en comunidad y para la creación y para sostener relaciones de afecto, compañerismo y cuidado mutuo. El sexo y nuestra sexualidad, por tanto, se identifican más con la realización de nuestra identidad personal, con nuestro compromiso para crear comunidades de cuidado mutuo, y cada vez queda más claro que implica responsabilidad, compromiso y disciplina. La dimensión sensual y sexual de nuestra vida es la base para el crecimiento espiritual. El crecimiento espiritual no ocurre simplemente tratando de negar nuestras necesidades biológicas o nuestros instintos naturales. Más bien, nuestro crecimiento espiritual tiene raíces en que somos seres corporales. Obviamente nuestra materialidad no agota el sentido total de nuestra vida, pero, como parte de la creación de Dios, es buena en sí.

Esta visión positiva de la sexualidad tienen bases bíblicas. Dios mismo creó la diferencia sexual. Ambos entes sexuales se necesitan mutuamente para complementar y completar su identidad. La soledad se identifica como algo que no es bueno. Esa diferencia crea las condiciones favorables para crear comunidades de cuidado mutuo. La sexualidad enfatiza lo esencial que es la compañía para la unidad de propósito entre los seres humanos. Y la unidad del hombre y la mujer no es sólo para su beneficio personal, sino también para el beneficio de toda la creación. Cuando Dios nos crea como hombres y mujeres, nos crea para vivir en comunidad, fidelidad e intimidad.

Nuestra sexualidad está íntimamente relacionada con el amor. La sexualidad incorpora en sí las diferentes dimensiones del amor. Por un lado, implica darse al otro de tal forma que se sacrifica el interés personal con el fin de mantener la relación amorosa sexual. Por otro lado, el amor implica reciprocidad, donde nuestro amor se da condicionalmente. Tanto el hombre como la mujer tienen que cumplir ambas dimensiones del amor. El amor también implica atracción sexual físico-biológica, intimidad emocional, expresión de afecto y comunicación íntima. La intimidad corporal-espiritual implica y requiere cierta exclusividad. Esta exclusividad es necesaria para que en la relación sexual impere la confianza, la honestidad y la apertura en la comunicación, ya que esto nos permitirá ser vulnerables y compartir nuestro pensar y sentir más íntimo. Es por esto que los cristianos no aceptamos la sexualidad casual, porque esto hace más difícil el darnos en cuerpo, alma y más completamente a nuestro compañero o compañera.

Una forma en que el ser humano expresa su pecado es distorsionando el propósito de comunidad y complementariedad, que es parte de la diferencia sexual con la que Dios ha organizado su creación. La diferencia sexual, bajo el poder del pecado, se convierte en instrumento de dominio y opresión. El maltrato de la mujer, la negación de su igualdad humana, ignorar sus reclamos legítimos, la creación de estándares dobles (uno para los hombres y otros para las mujeres), todo ello son expresión viva del pecado que resulta de la distorsión de nuestra sexualidad.

Otra expresión del pecado sexual consiste en violar el compromiso de intimidad sexual exclusiva (la fidelidad), que es parte integral de la relación sexual. La infidelidad le arrebata su valor y deshumaniza tanto al infractor como a su víctima. La sexualidad convierte a dos cuerpos y dos almas en un cuerpo y un alma. Todo acto de distorsión, por tanto, afecta a la totalidad, no sólo a una de las partes.

Finalmente, desde el punto de vista moral, nuestra sexualidad no se puede evaluar exclusivamente en términos de los actos sexuales. Más allá de ello, la visión cristiana enfatiza la intención en base a la cual actuamos, o la fuerza que guía, que motiva nuestros actos sensuales-sexuales. Todo acto de amor genuino tiene que estar acompañado de motivos amorosos, porque no sólo el acto sino también los deseos deben ser correctos. Parte de nuestra tarea es formar el carácter para que deseemos lo que es moralmente bueno, o encontremos placer en hacer lo que es bueno. Cuando los deseos se han distorsionado, aumenta la posibilidad de acciones impropias y carentes de moralidad.

La moralidad y la oración se relacionan precisamente en nuestro esfuerzo por recordar que debemos centrarnos y actuar a la luz de los fines del Reino, que nos llama a la creación de relaciones amorosas y fieles. Pedir a Dios que nos dé fortaleza interna para poder controlar nuestras pasiones y responder a sus propósitos es parte integral de la práctica moral de la comunidad cristiana.

El matrimonio

Para la comunidad cristiana, aunque necesario, el amor no es suficiente para controlar la fuerza de unión de la sexualidad-sensualidad. Junto con el amor es importate que exista una estructura que le dé forma y disciplina a nuestro amor. Esa estructura es el matrimonio. Nuestra tradición eclesiástica y teológica afirman al matrimonio como el único contexto legítimo para la actividad sexual. Sin embargo, regular la sexualidad no es lo único que se necesita para justificar al matrimonio como un pacto eterno. El matrimonio es el contexto primordial que nos provee espacios seguros para la expresión de intimidad emocional y física y para proveer el cuidado que todos necesitamos.

En el pasado, una de las razones principales que se daban para no tener relaciones sexuales fuera del matrimonio, o tener encuentros sexuales casuales, era la posibilidad de un embarazo. La tecnología reproductiva y la legalización del aborto han debilitado estas razones, porque ahora es posible tener una vida sexual activa con mínimo riesgo de embarazo. La comunidad de fe ha insistido en que la sexualidad, dado su poder y propósito unificador, sólo se debe dar en el contexto donde ambas personas tengan un compromiso exclusivo y la inclinación a proteger y cuidar del otro. El sexo casual, o como una forma de entretenimiento, tiende a deshumanizarnos. La comunidad ve en el poder unificador de la sexualidad no sólo un intercambio físico, sino también un contexto donde ambas partes comparten la intimidad y, por tanto, donde se hacen vulnerables. El matrimonio, en la visión cristiana, es el pacto de fidelidad y expresión de la gracia de Dios. Nos provee una estructura donde cada cónyuge se compromete a ser y estar para el otro y donde sabe que puede depender de la gracia del otro, a pesar de todas nuestras imperfecciones. En la relación matrimonial nos revelamos al otro en total vulnerabilidad porque sabemos que contamos y podemos depender de su amor, y de esta manera provee un contexto para la humanización de nuestro ser. Es por esto que la comunidad de fe todavía sostiene que el matrimonio es una institución dada por Dios.

Cuando uno considera la presencia de los niños, se puede entender todavía mejor por qué los cristianos insisten en la importancia de la estructura matrimonial. Como bien sabemos, de todas las especies que existen, el ser humano es el que depende del amor y la gracia de quienes lo trajeron a este mundo por un tiempo significativamente más largo. Y el amor que necesitan requiere que los progenitores tengan un alto nivel de sacrificio personal, constancia e interdependencia en los tiempos buenos y malos. La falta de este amor y seguridad afecta significativamente el desarrollo y la madurez de estos nuevos miembros de la raza humana. No debe sorprendernos que dentro de todas las culturas encontremos la institución del matrimonio para atender la necesidad humana de intimidad, vulnerabilidad, dependencia y cuido amoroso.

En los relatos de la creación, a los seres humanos se les dan tres responsabilidades: la reproducción de la especie, el cuidado de la creación (en particular el cuidado de la tierra) y la intimidad matrimonial. La tradición establece que el matrimonio que Dios ordena conlleva cuatro propósitos. Primero, el matrimonio tiene un propósito integral que crea las condiciones y el compromiso con la creación del propósito divino y la necesidad humana de vivir en compañía con otros. Así pues, vivir en compañía es la primera corrección que Dios hace de su creación y le da al hombre una compañera para que no se sienta solo y para que tenga alguien que lo complemente y al cual él pueda complementar: hombre y mujer los creó para que fueran la pareja apropiada el uno de la otra. Segundo, el matrimonio también tiene un propósito de procreación. Dios nos crea con el propósito de completar su Reino y esto requiere hacer crecer al pueblo de Dios y perpetuar la especie. Tercero, el matrimonio no sólo reproduce criaturas biológicas, sino también produce y reproduce criaturas cuyo espíritu se forma en base de los valores y proyectos históricos definidos por nuestra fe. Con el matrimonio también se producen los nuevos discípulos de Dios, ya que la familia es ordenada por Dios como el centro de la formación de la personalidad y como un microcosmos de la sociedad. Cuarto, puesto que el matrimonio tiene el fin de la unidad íntima tanto física como espiritual y de privacidad que nos provee la seguridad que necesitamos para nuestro crecimiento emocional y espiritual, entonces el matrimonio provee un contexto para el deleite sexual y sensual que resulta de la unidad corporal.

El matrimonio provee la oportunidad para la unidad espiritual y física dentro de un contexto que establece límites y que asume el reconocimiento, la mutualidad, el respeto y el cuidado mutuo. El matrimonio asume que el deseo de la ayuda mutua supera y conquista las demandas de la conveniencia personal. Es una forma de asociación donde se le da orden al impulso sexual que permite la satisfacción personal de necesidades y propósitos humanos que no perturben, socaven o destruyan la integridad del otro ni de la sociedad.

Todos estamos conscientes de que, en nuestra sociedad, el matrimonio y la estructura de la familia están cambiando radicalmente. El modelo tradicional donde el hombre cumple el rol social de ser proveedor económico y cabeza de la familia, y donde la mujer asume el rol de realizar el trabajo doméstico, la crianza de los niños y ser proveedora de apoyo emocional y psicológico de todos los miembros de la familia, ya comienza a ser obsoleto. Ahora la familia extendida es la excepción, ya no la norma; y la familia nuclear también está en decadencia. Como ya lo mencionamos anteriormente, los nuevos patrones familiares son el producto que surge por el mayor número de divorcios, por el abandono de uno de los cónyuges (por lo regular el padre), por personas que viven juntas sin casarse, o por madres solteras. Estos y otros fenómenos sociales han contribuido a que ahora exista una gran diversidad de estructuras familiares. La mayoría de este tipo de familias se da en el contexto de hogares pequeños y con menos recursos humanos y económicos. No es sorprendente, por tanto, que la pobreza esté en aumento entre las mujeres con niños, el abuso y la violencia dentro del hogar, y que las víctimas sean principalmente las mujeres y los niños.

El consenso social es que la diversidad de estructuras familiares es aceptable, pero también es cierto que el matrimonio monógamo y heterosexual, basado en fidelidad, mutuo respeto y cuidado, es la estructura óptima para la reproducción, educación, sostén emocional y económico de los niños y de todos los miembros de la familia. Los cristianos no podemos estar cerrados a la posibilidad de que en nuestro devenir histórico podamos desarrollar nuevas y mejores estructuras de familia. Sin embargo, la responsabilidad de probar que éste es el caso recae en quienes traen esas nuevas propuestas. La mayoría de las personas son fieles en el matrimonio y muchos están buscando la manera de que, al menos un miembro de la pareja, pase más tiempo con los niños y menos en el trabajo. Aun en nuestra sociedad esto es lo que practica la mayor parte de las parejas casadas. Cada más se dan movimientos que apuntan a la necesidad de renovar el compromiso con el matrimonio, la familia y los hijos. Es por esto que los cristianos celebran el movimiento de la abstención sexual entre los jóvenes como un signo de esperanza.

Aspectos bíblicos sobre el matrimonio y la familia

El pecado humano distorsiona los propósitos del matrimonio. Desde la perspectiva cristiana, tanto la poligamia, el adulterio, el divorcio, el concubinato como la prostitución, el incesto, el maltrato y la violencia contra mujeres y niños en el hogar, son prácticas que niegan la estructura y propósitos del matrimonio y, por lo tanto, son expresión de la inmoralidad y pecado humano.

Es importante notar que las leyes del divorcio que se dan en el Antiguo Testamento no son dadas como normas morales positivas o neutrales, sino como resultado de un mal necesario (Dt. 22:13-21; 22:28-29; Lv. 21:7, 14). Con ellos se responde a las prácticas inmorales y de dominio del hombre sobre la mujer. Recordemos que, en la sociedad hebrea, los hombres eran dueños de las mujeres y que tenían la capacidad legal de abandonarlas y/o echarlas del hogar. Esto dejaba a las mujeres en una situación social de gran desventaja y como víctimas potenciales del abuso de otros miembros de la sociedad. Paradójicamente, la oposición al divorcio se dio en parte para proteger a las mujeres, lo mismo que las leyes de divorcio. Estas leyes le proveían a las mujeres un grado de protección, era un documento legal que reafirmaba su libertad y les permitía casarse otra vez (Dt. 24:1-4; Is. 50:1) Las leyes del divorcio no eliminaban, pero sí al menos reducían el dominio del hombre sobre ellas.

En el tiempo del Nuevo Testamento, la condición social de la mujer también era de vulnerabilidad y desventaja. El divorcio también se ve como un mal necesario que viola los propósitos de Dios. Sin embargo, la práctica del divorcio se justificaba, y se aceptaba que las personas divorciadas se volvieran a casar. Jesús tomó una línea radical en contra del divorcio. Él justificaba el divorcio solamente en casos de adulterio. Para él, el propósito de unión de Dios era más importante que lo que dictaba la ley y, por tanto, su preferencia era la preservación del matrimonio. Para Jesús, el casarse de nuevo era un acto de adulterio; sin embargo, es un acto que se puede perdonar, ya que reconoce que los segundos matrimonios pueden cumplir con los propósitos de unidad, procreación y cuidado de Dios.

Pablo tuvo que lidiar con el hecho de que el cristianismo provocó disfunción familiar y social. Puesto que muchas personas se convirtieron al cristianismo cuando ya estaban casados, la moralidad del divorcio fue una de sus constantes preocupaciones pastorales. En términos generales, Pablo hace lo siguiente: 1) Afirma el matrimonio, anima a ser monógamos y a mantener la estabilidad y las obligaciones conyugales, y siguiendo la tradición, afirma que el plan de Dios estipula que un hombre y una mujer se unen en matrimonio de por vida. 2) En principio se opone al divorcio, pero reconoce causas por las que éste puede ser necesario. Aunque nunca ordena el divorcio, el divorcio se permite solamente en casos de infidelidad, de abandono, de deserción y de idolatría. La ley de Moisés sobre el divorcio es una respuesta al pecado humano, a nuestra incapacidad de mantener relaciones de ayuda mutua y de fidelidad. 3) Se opone en principio a que las personas se vuelvan a casar; aunque todo parece indicar que, por las razones mencionadas, Pablo permite que estas personas puedan formar un nuevo hogar. Además, su sentido del perdón y de la gracia permiten que uno pueda comenzar otra vez; es decir, casarse de nuevo, preferiblemente con una persona cristiana para que participen y contribuyan a la vida de la iglesia (1 Co. 6:11). 4) Enfatiza el propósito de unidad y de procreación, alienta a la estabilidad en el matrimonio y a desarrollar las virtudes de fidelidad y cuidado mutuo entre los cónyuges. También, siguiendo una práctica cristiana básica, alienta el cuidado y educación religiosa y moral de los niños. Una de las características por la que se distinguieron los cristianos dentro de la sociedad romana fue su compromiso con el cuidado y bienestar de los niños y niñas.

La república romana, donde Pablo ejerció su ministerio, reconocía el derecho de la mujer para iniciar el divorcio. Es por esto que Pablo, cuando aconseja contra el divorcio, se dirige tanto al hombre como a la mujer. En los matrimonios cristianos ni el hombre ni la mujer deberían iniciar el divorcio. En los matrimonios «mixtos», donde sólo uno de los cónyuges pertenecía a la comunidad de fe, el cónyuge cristiano estaba bajo la obligación de no iniciar el divorcio. Pablo animaba a las personas cristianas a mantener sus matrimonios mixtos, porque en esta circunstancia el matrimonio proveía la ocasión para que el cristiano evangelizara al cónyuge no creyente. Los creyentes casados con no creyentes nunca deberían iniciar el divorcio, porque esto privaría al cónyuge no cristiano del ejemplo de lo que es vivir la nueva vida que se da en Cristo. Sin embargo, si el cónyuge no cristiano pidiera el divorcio, entonces el cónyuge cristiano se lo debería conceder. Si el divorcio era inevitable, Pablo aconsejaba que no se casaran de nuevo, a menos que la pareja se reconciliara (1 Co. 7:10-11). Si la razón por la cual un cónyuge pedía el divorcio era que resentía y rechazaba la fe cristiana, entonces la pareja cristiana sí podía casarse de nuevo.

Por tanto, los cristianos nos inclinamos a afirmar el matrimonio y estar en contra del divorcio. También nos oponemos a leyes y prácticas sociales que directa o indirectamente promuevan el divorcio. Sin embargo, tenemos que reconocer la existencia de matrimonios que niegan la esencia del mismo y que hay razones legítimas para justificar que un matrimonio que sea destructivo en vez de humanizante se deba terminar. Tenemos que apoyar normas legales y prácticas sociales que permitan el divorcio como una manera de restablecer el proceso de humanización.

Los cristianos debemos celebrar y reconocer que algunos de los cambios modernos en relación a la autoridad y la sumisión dentro del matrimonio son producto del crecimiento de nuestra fe. Los cristianos siempre hemos debatido cuál es la forma de relación más apropiada para regir la vida matrimonial. Para algunos, el éxito del matrimonio se basa en la claridad de los roles, en particular, los roles donde el hombre manda y la mujer obedece y apoya todo lo que el hombre hace. Otros abogan por la igualdad entre la pareja; por lo tanto, los roles dentro del matrimonio deben ser flexibles y los cónyuges deben determinar su papel en términos de lo que más beneficie el desarrollo mutuo. El intercambio de y la igualdad al optar por los roles es aceptable y para muchos normativo. La visión normativa cristiana para el matrimonio debe enfatizar la igualdad y el compañerismo. Si se ha de practicar la sumisión como se recomienda en Efesios 5:6-21–6:9, debe ser la sumisión voluntaria mutua donde los sacrificios que son parte de la vida matrimonial se comparten de forma equilibrada entre los cónyuges. Por tanto, las tareas domésticas, las decisiones vocacionales y la responsabilidad del cuidado de los niños se tienen que compartir equitativamente entre los cónyuges. Tanto el hombre como la mujer son personas cuya dignidad se tiene que reconocer y respetar. Al cónyuge hay que amarlo y no meramente usarlo para el propio provecho. El matrimonio sobrevive mejor en el contexto del darse y aceptarse mutuamente, ya que ésta es la naturaleza del amor por el cual Dios rige toda su creación.

La homosexualidad

La homosexualidad representa retos especiales a la visión cristiana del sexo y del matrimonio, y continúa siendo un tema por el que la iglesia siente una gran preocupación. La persona homosexual es alguien que tiene una preferencia erótica por personas del mismo sexo y que usualmente, pero no siempre, tiene relaciones sexuales con ellos. Sin lugar a dudas, los homosexuales constituyen uno de los grupos sociales que más han sufrido la marginación, el abuso y el rechazo social y religioso. Todos recordamos los días, no muchos años atrás, cuando los homosexuales se tenían que esconder y tenían que vivir en una subcultura con un alto sentido de anormalidad y vergüenza. No olvidemos que en la experiencia del Holocausto, no sólo a los judíos se les definía como no humanos, sino que también a los homosexuales se les aplicaba la misma definición y el mismo trato de prisión, trabajos forzados y muerte.

Desde este punto de vista, hoy día debemos celebrar que los homosexuales ya no se esconden y no niegan su homosexualidad, sino que reclaman su derecho a ser reconocidos y respetados. Desde la década de 1960, la población homosexual se ha hecho más visible y más militante. Su militancia, y el apoyo que han recibido de muchos sectores de la población, ha llevado a que en muchos estados se eliminen los estatutos legales y las leyes sobre sodomía. Así que es un símbolo del progreso y moral humana que se considere a los homosexuales como personas ordinarias y, al igual que a toda otra persona, entonces no se le pueda definir por ni reducir a su sexualidad. Como miembros de nuestra sociedad, no se les debe negar sus derechos civiles. Como criaturas de Dios, no se les puede negar el amor y la gracia que Dios ordena para su pueblo escogido. Aunque muchas de las iglesias no han extendido su hospitalidad a los homosexuales, ellos por lo menos han sido capaces de crear y establecer sus propias iglesias. Y dentro de todas las iglesias históricas se han establecido grupos de apoyo y de solidaridad con la comunidad homosexual. Algunas iglesias protestantes siguen en su proceso y lucha de discernir la legitimidad de la ordenación de personas homosexuales. Las iglesias continúan luchando con la tensión entre el deber de amar al homosexual y su aceptación condicional.

Son varios los niveles de debate sobre la homosexualidad. A nivel psicológico-social algunos establecen que la homosexualidad es una neurosis que nace de la mala adaptación y educación de los niños con sus padres y su contexto social. Las experiencias de abuso sexual, la confusión de identidad sexual porque uno de los padres es muy dominante y la confusión de roles sexuales en la familia, se ven como causas que contribuyen a la homosexualidad. Así pues, desde este punto de vista, la homosexualidad se aprende, es resultado de la flexibilidad en la formación del ser humano y se puede cambiar. Los que sostienen esta posición alegan que la homosexualidad se puede «curar», es decir, que los homosexuales pueden convertirse en heterosexuales. Si la homosexualidad es cuestión de condicionamiento social o algo que se puede aprender, entonces podemos manipular tal condicionamiento, o podemos ayudar a que des-aprenda lo que llevó a esta persona a elegir esa opción. Desde esta óptica, la homosexualidad es una aberración de la norma.

Otro grupo argumenta que la homosexualidad no se aprende y que no es producto de una mala adaptación al mundo familiar o social. Para estos grupos la homosexualidad es una orientación normal y natural. Es una condición que no cambia. Ellos dicen que la homosexualidad es una tercera alternativa sexual. Aunque es muy difícil determinar el porcentaje exacto de las personas de orientación homosexual (los números más bajos son dos por ciento de la población, mientras que otros dicen que es 13 por ciento de la población), sí sabemos que toda cultura tiene un porcentaje de su población con esta inclinación. Dado el alto nivel de rechazo y discriminación social, el peligro real de ser víctima de personas con prejuicios contra los homosexuales y que la norma dominante es lo heterosexual, no tiene sentido decir que las personas escogen ser homosexuales. Tiene más sentido decir que hay bases biológicas que orientan a algunas personas en esa dirección. La única respuesta aceptable, dado que este debate todavía no se ha resuelto, es crear las condiciones sociales, culturales y políticas para que los homosexuales puedan expresar su manera de ser. Todo intento de querer transformarlos sólo indicaría el prejuicio social que se tiene contra ellos y reforzaría prácticas sociales que llevan a la falta de autoestima. Las organizaciones psiquiátricas han eliminado a la homosexualidad de sus listas de desórdenes mentales y ahora la definen como una orientación sexual. Este debate sobre si la homosexualidad se aprende o se predetermina biológicamente todavía está inconcluso. La mayoría de los investigadores parecen inclinarse sobre la idea de que es una combinación de ambos factores, es decir, una mezcla de condicionantes biológicos, culturales y sociales.

Una de las razones por las que la iglesia tiende a rechazar la homosexualidad es que la Biblia no favorece a los homosexuales. En la Biblia la homosexualidad no es una preocupación central; sin embargo, varios textos bíblicos la discuten (Gn. 19 y Jue. 19:22-38; Lv. 18:22; 20:13; 2 P. y Jud. 7; Ro. 1:18-27; 1 Co. 6:9-10; 1 Ti. 1:8-11; Ro. 1:26-28; 1 Co. 6:9-11). Mientras que los textos bíblicos que tratan el tema de los roles y el estatus de las mujeres, de los ricos y de los esclavos tienden a ser ambiguos (unas veces los favorecen, otras veces no), las Escrituras tienden a ser consistentes en su rechazo y condena de la homosexualidad como un pecado. Tanto la homosexualidad activa como la pasiva se identifican como una rebelión en contra de Dios. Es importante notar, sin embargo, que un significativo número de los textos bíblicos (entre ellos el relato de Sodoma y Gomorra) que se usan para rechazar la homosexualidad, no tienen nada que ver con la homosexualidad. Algunos biblistas nos alertan al hecho de que los textos bíblicos enfocan y condenan los actos externos de la conducta sexual, pero que no tratan el tema de la orientación sexual. Las Escrituras condenan el comportamiento perverso, como la sexualidad idólatra y la prostitución homosexual, pero debemos tener en mente que en los textos bíblicos no hay conciencia sobre el factor de la orientación sexual y, por tanto, esta orientación nunca se toma en cuenta cuando se condena la práctica homosexual.

Más allá de los pasajes bíblicos que mencionan la homosexualidad de manera directa, la iglesia se opone a la homosexualidad porque la ve como la negación del propósito de la sexualidad y del matrimonio, que ya mencionamos al principio de este capítulo. Desde este punto de vista, aun si es cierto que la homosexualidad tiene base biológica (es decir, si la orientación es un dato de nuestro ser) como seres libres y responsables todavía podemos y debemos controlar nuestra conducta. El núcleo de la conducta es que armonice con la voluntad humanizante de Dios.

¿Cuál debe ser la actitud de los cristianos hacia los homosexuales? El cristiano debe promover el matrimonio monógamo, heterosexual como normativo para la comunidad de fe; a la vez, no tiene que rechazar a quienes demuestran una orientación homosexual. Debe rechazar las prácticas homosexuales (y está de más decir las heterosexuales) que violen los principios de fidelidad, cuidado mutuo y estabilidad en las relaciones. A la luz de los principios bíblicos y teológicos que rigen nuestro quehacer moral — incluso si algunos sostienen que la práctica homosexual es pecaminosa— no podemos rechazar al homosexual como persona y criatura de Dios. La persona es mucho más que su constitución sexual y mucho más que sus actos. Esta es la naturaleza de nuestro caminar con Jesús. Toda persona es digna y tiene derecho a nuestro respeto y cuidado.

Nuestra opción debe ser la de proveer condiciones favorables para superar todas las barreras y murallas que fomenten la discriminación contra los homosexuales. Tenemos que contribuir a la creación de prácticas sociales tolerantes, contribuir a la reducción y eliminación de la homofobia, rechazar el trato que insulta al homosexual, evitar la violencia y el trato cruel contra ellos y hacer de la iglesia un sitio de bienvenida. Más que nada, tenemos que contribuir a que los homosexuales puedan establecer relaciones de fidelidad, relaciones estables y de cuidado mutuo, ya que esto es humanizante para todos nosotros. Tales prácticas son testimonio vivo de nuestro compromiso con los valores religiosos y morales que sostienen nuestro compromiso con la familia y el matrimonio.

Algunas reflexiones sobre la igualdad humana: El género y la raza

Toda civilización y toda sociedad, desde la más antigua hasta la más moderna, ha confrontado el reto de cómo tratar y de cómo relacionarse con las personas que por causa de su apariencia física, sus creencias y convicciones religiosas, su nacionalidad o visión política, o por su cultura o estilo de vida, se les ve y define como diferentes, o como «los otros». Esos «otros» normalmente son personas que pertenecen a un grupo social minoritario carente de poder y estatus social, y no siempre han recibido hospitalidad y buen trato de parte del grupo social dominante que tiene el poder de definir lo que es «normal» y aceptable.

La relación del grupo mayoritario hacia «los otros» depende de cómo aquellos interpretan su presencia entre ellos. Por ejemplo, si quienes son «diferentes» traen al mundo social un recurso que enriquece la vida común, la inclinación a la hospitalidad es mayor. Por otro lado, si «los otros» se ven y definen como personas «extrañas» que amenazan la cohesión cultural y social, o se les considera un costo social, la inclinación será a excluirlos o mantenerlos al margen.

Un análisis social e histórico parece indicar que el miedo, la ignorancia, la codicia y el desmesurado interés propio se combinan de varias maneras y motivan a que los grupos dominantes devalúen al grupo que se define como diferente. Bajo el dominio de estas fuerzas negativas (teológicamente hablando, del pecado), la razón se usa para justificar ideologías, prácticas sociales y actitudes personales que definen a los «otros», a los «diferentes», como inferiores y, por tanto, se les niega un trato igual. El patriarcado y el sexismo, la dominación económica de ciertas personas, el prejuicio racial, la discriminación cultural y la dominación política, todas ellas son expresiones del pecado humano.

El sexismo y, como veremos en breve, el racismo y el chovinismo cultural, llevan aparejado el prejuicio y la discriminación. El prejuicio se da en el nivel de las actitudes, los motivos y las disposiciones (de donde nacen todas nuestras acciones); mientras que la discriminación es la expresión práctica del prejuicio. El prejuicio consiste en emitir o hacer juicios sin tomar en consideración los hechos y las acciones de otros. Normalmente el prejuicio tiene más carácter social que personal, es decir, contiene sentimientos hostiles contra el grupo social, más que oposición a la persona contra quien se practica la discriminación. El prejuicio substituye a los hechos y las acciones de los individuos con estereotipos que justifican prácticas de menosprecio hacia quienes forman parte de los grupos sociales que se consideran inferiores.

El prejuicio no es innato. Los prejuicios y la discriminación son construcciones sociales y, como tales, se aprenden cultural y socialmente. Se perpetúan no sólo a base de la ignorancia, el miedo hacia lo que parece diferente o distinto, y el temor a que nuestra condición social y económica empeore, sino también en base a la ideología y las estructuras que organizan nuestra vida social. La discriminación, la expresión concreta del prejuicio, consiste en la práctica de un trato desigual a personas que pertenecen al grupo que se considera inferior. El prejuicio es la racionalización y justificación de la práctica de la discriminación y del trato injusto hacia una persona simplemente por pertenecer al grupo que se define como inferior. El prejuicio y la discriminación violan el sentido cristiano de la igualdad entre los seres humanos.

La igualdad humana no implica uniformidad de trato, ni ausencia de diferencias. La mera observación nos indica que los seres humanos somos distintos y que nuestras diferencias en inteligencia, talentos naturales, capacidad para adquirir o desarrollar nuevas habilidades, capacidad física y belleza (según la defina nuestro contexto social), expresiones culturales y sentido del significado de la vida y de Dios, son bastante significativas. Estas diferencias entre seres humanos son motivo de celebración, ya que no sólo hacen posible la creación y el sostenimiento de la sociedad, sino también hacen la vida social mucho más interesante. No podríamos vivir, mucho menos vivir bien, si todos tuviéramos los mismos talentos. Es por esto que casi todo el mundo acepta que sería muy injusto reducir la capacidad de los talentosos a la mediocridad de la mayoría, al igual que es injusto demandar que los mediocres produzcan al nivel de los talentosos. La diversidad le da gusto a la vida y, religiosamente hablando, ¡hace que Dios sonría!

Nuestra fe, como ya lo mencionamos, insiste en que, a pesar de las diferencias significativas que existen entre los seres humanos, la igualdad es más fundamental que la diferencia. Nuestra convicción de que todos hemos sido creados por Dios, que Dios nos ama por igual, y que nuestro origen común nos ata con lazos familiares como hermanos y hermanas, es la base de nuestra igualdad en dignidad y valor. Nuestra igualdad también se expresa a través de la convicción de que todo ser humano tiene la imagen de Dios. Finalmente, la igualdad cristiana se basa en la convicción de que el sacrificio de Jesús es para que todos seamos redimidos. Tal vez es por esto que Jesús, en sus parábolas, habla de los samaritanos (a quienes los judíos definían como los «otros») como el ejemplo de lo que Dios desea que los humanos hagan. Esta es una de las maneras en que Jesús demuestra su compromiso con la eliminación del prejuicio, en este caso el prejuicio nacional y racial.

Dada nuestra noción de finitud y pecado, los cristianos estamos conscientes de que la creación de una sociedad donde se practique el trato igual y el respeto mutuo entre todos los seres humanos no se realizará en su totalidad en este mundo. La igualdad y la armonía perfecta entre los seres humanos sólo se dará en el reino de Dios. Nuestro realismo social e histórico hace que las nuevas y variadas formas en que el vicio y la violencia del prejuicio se expresan, no nos tome totalmente por sorpresa. Sin embargo, esto no impide que la comunidad cristiana luche incansablemente por eliminar esta expresión de pecado dentro de la iglesia y contexto social. Que no podamos lograr la perfección o eliminar totalmente las actitudes y prácticas discriminatorias, no justificaría en nada nuestra pasividad. Al contrario, hoy día la comunidad de fe está llamada a vivir como parte del reino de Dios. La lucha contra la discriminación, por tanto, comienza dentro de la iglesia misma, y se extiende al mundo social y político en donde la iglesia realiza su testimonio. Nuestro compromiso moral no es, y nunca ha sido, crear el Reino, sino dar testimonio del Reino por medio de nuestra lucha para eliminar esos males, en este caso la discriminación, que está a nuestro alcance. Los niveles y expresiones de igualdad, reconocimiento, dignidad y respeto mutuo que sí son posibles en nuestro contexto social-histórico constituyen nuestra obligación moral. Moralmente hablando, nuestro compromiso de fe es fomentar mayor igualdad (racial, cultural, nacional, económica, política, educativa, social, etc.) entre los seres humanos según esto se haga posible en nuestras condiciones históricas.

La igualdad entre el hombre y la mujer

El reto práctico de la relación propia que debe existir entre los hombres y las mujeres, ha existido desde los comienzos de la formación de la iglesia cristiana y constituye uno de los retos más importantes de esta generación. Nuestra cultura y tradición religiosa han sido dominadas y organizadas a la luz de una ideología patriarcal, donde el hombre domina sobre la mujer y donde el interés del hombre recibe prioridad sobre el de la mujer. Las mujeres siempre han sido víctimas de un doble estándar en todas las esferas de la actividad humana; es esto lo que ha limitado las posibilidades de su desarrollo.

La iglesia siempre ha afirmado, y hoy día esto se toma como algo incuestionable en nuestro ámbito cultural y político, que el hombre y la mujer son iguales en derechos, dignidad y valor. Sin embargo, este principio teológico y político de la igualdad no ha sido encarnado en nuestras prácticas sociales y políticas y ni siquiera en nuestras prácticas religiosas. Todavía debatimos apasionadamente si debe o no haber diferencias significativas en los roles sociales, políticos y religiosos de los hombres y las mujeres de acuerdo al género.

Los cambios significativos de los últimos años han acelerado y hecho más urgente redefinir lo que significa ser hombre y ser mujer y cuáles deben ser sus roles. La perspectiva ideológica tradicional dice que el espacio de actividad y realización de la mujer se da en el ámbito privado del hogar, mientras que el ámbito público del mundo político y económico, donde el ser humano lucha por sobrevivir y mejorar la condición de la comunidad, es el ámbito de realización del hombre. Así pues, de acuerdo con esta visión, la mujer crea un mundo de seguridad y cuidado para que los hombres encuentren un refugio donde descansar de sus luchas diarias, y los hombres luchan en el mundo cruel protegiendo a la mujer de la violencia y la deshumanización. La mujer asume el trabajo físico y espiritual del cuidado de los niños y el hombre asume el rol de proveedor y protector.

La realidad ha sido que las mujeres siempre han contribuido a la economía del hogar, trabajado tanto dentro como fuera de la casa. A pesar de sus contribuciones, las mujeres no han tenido el mismo derecho de determinar cómo y para qué se usen los frutos de su trabajo, mucho menos para determinar cómo se usen los frutos del trabajo del hombre. Cada vez queda más claro que los roles y la división tradicional del trabajo han limitado artificial y significativamente el desarrollo integral de las mujeres. El trabajo del hogar, aunque socialmente reconocido como necesario y significativo tanto para el bienestar de la familia como para la sociedad, es aburrido, pobremente compensado y se le da poco reconocimiento personal y social.

Los debates contemporáneos sobre el rol del hombre y de la mujer dentro del hogar han creado mayor conciencia de que es una cuestión de justicia que el trabajo casero se distribuya más equitativamente. Las tareas de mantener el hogar limpio, el cuidado de los niños y la preparación diaria de alimentos se tiene que distribuir de forma que se afirme la igualdad del hombre y la mujer. Lo mismo es cierto en relación al uso de los recursos económicos, las decisiones que afectan la familia y la distribución y uso del tiempo libre.

Es interesante notar que los hombres que han tenido mayor libertad de decidir cómo van a invertir su energía vital, casi nunca escogen el trabajo doméstico como su vocación. No es sorprendente que las mujeres reclamen el mismo derecho a decidir si quieren o no ser amas de casa. Tanto el hombre como la mujer deben tener la misma oportunidad para decidir cómo lograr mejor la satisfacción del sentido de su vida. Es importante decir que el motivo para trabajar fuera del hogar no sea estrictamente material. El bienestar material es importante, pero no debe ser la razón central de nuestro actuar.

En este siglo, las luchas feministas han dado grandes pasos para que se reconozca la igualdad social, política, religiosa y económica de la mujer. El trato igual a la mujer, aunque todavía persistan áreas de discriminación y prejuicios sexistas significativos, es irreversible. Si la igualdad de la mujer todavía no es totalmente reconocida o aceptada, no cabe duda de que se ha establecido como un derecho que muy pocos se negarían a reconocer. Con mayor frecuencia las mujeres ocupan altas posiciones en la esfera política, comercial, social, económica, científica e intelectual, al igual que posiciones de liderato religioso y espiritual.

La perspectiva bíblica

El testimonio bíblico sobre el rol, estatus y la igualdad de la mujer es ambiguo. Esto explica el hecho de que la Biblia haya sido usada tanto por quienes se oponen a la igualad social y política de la mujer, como por quienes luchan por su igualdad. Es interesante notar que aun hoy día, quienes afirman la igualdad entre el hombre y la mujer y quienes la niegan y apoyan sistemas jerárquicos que hacen de la dominación y control del hombre sobre la mujer la norma, muchas veces citan los mismos pasajes bíblicos. En términos generales, quienes dicen que la Biblia se debe leer literalmente, pueden identificar pasajes donde se indica que el hombre tiene dominio sobre la mujer y que es propio excluir a la mujer de algunas actividades y ámbitos de acción. Los que leen la Biblia en términos de una visión moral más amplia, leen estos mismos pasajes en términos del compromiso con el amor, la justicia y la igualdad que inspiran la fe cristiana, y que este compromiso moral de las Escrituras cualifica la manera en que se pueden entender los pasajes que dan la impresión de justificar la inferioridad de la mujer.

En una de las narrativas del Génesis se presenta a la mujer como subordinada al hombre (Gn. 2:7-25). En otro pasaje de ese mismo libro, tanto el hombre como la mujer son creados iguales y con las mismas responsabilidades (Gn. 1:24-30). Una interpretación literal del primer pasaje mencionado justificaría el patriarcado y la superioridad del hombre sobre la mujer. Cuando se pone el segundo pasaje en el contexto donde se afirma que las Escrituras en su totalidad y en su intención enfatizan la unidad e igualdad de la dignidad del hombre y de la mujer, se hace más referencia a que tanto el hombre como la mujer poseen la imagen de Dios. También se hace posible justificar que la igualdad entre el hombre y la mujer es lo que permite que puedan complementarse y ayudarse mutuamente en un contexto de amor y justicia. Desde esta perspectiva, ambos son igualmente responsables ante Dios y tienen el deber de contribuir a la realización del Reino en todas las esferas humanas. El dominio que tiene el hombre sobre la mujer es producto del pecado humano y no del diseño original de Dios para su creación.

El apóstol Pablo también asume posturas ambiguas sobre el rol de las mujeres dentro de la iglesia. La lectura literal de algunos textos paulinos permite interpretar que Pablo se oponía a que las mujeres de la iglesia enseñaran a los hombres y que éste es un principio teológico que también es moralmente normativo. Aquellos que ponen estos textos en un contexto más amplio enfatizan la importancia de reconocer que la oposición de Pablo a la predicación y pedagogía de las mujeres no se basa en una consideración de género. Según esta lectura, Pablo no se oponía a que las mujeres fueran parte integral del ministerio de la iglesia, y que su recomendación más bien iba dirigida a un grupo específico de mujeres, en un contexto muy particular, dentro del cual algunas de ellas estaban enseñando doctrinas erróneas y contrarias al espíritu cristiano (1 y 2 Ti.).

Hechos 2:17 y 1 Corintios 12 revelan que los dones del Espíritu se han distribuido igualmente entre hombres y mujeres y que el liderato de la iglesia se debe determinar de acuerdo al llamado de Dios para ejercer sus talentos, y no en base de su género. Hechos 18:26 y Romanos 16:1-3 narran someramente el liderato de Priscila y Febe. La ambigüedad que encontramos en Pablo bien puede resultar en una tensión entre la visión y práctica de la iglesia cuya teología enuncie principios normativos que nos llamen a promover la igualdad de todos y los patrones culturales y sociales dominantes, y aquellos que justifiquen la exclusión y dominio de la mujer.

En términos generales, las Escrituras afirman el principio de la dignidad de la mujer como criatura de Dios. Sin embargo, tanto en la cultura hebrea como la romana, la ideología y política patriarcal estaban bien arraigadas y limitaban las posibilidades de una práctica social más igualitaria para las mujeres. En las sociedades del Antiguo y del Nuevo Testamento la mujer tenía un estatus limitado al hogar. Era allí donde ejercía la responsabilidad de educar y contribuir a la formación espiritual de los niños. En el ámbito social, político y económico, sin embargo, la mujer era invisible, se consideraba propiedad del hombre y no tenía derechos civiles. En la cultura romana, la cultura dominante dentro de la cual vivieron los primeros cristianos, la mujer tenía su estatus en el hogar, pero también presencia pública y algunos derechos civiles. Sin embargo, incluso en el orden romano la posición inferior de la mujer era la norma. El mundo cultural bíblico ponía y sostenía a las mujeres en una posición de desventaja social y religiosa. El patriarcado, al igual que la esclavitud, estaba bien arraigado y se veía como algo permanente o eterno. Casi nadie podía considerar una realidad social distinta, y fue por eso que la iglesia cristiana aceptó algunos de estos prejuicios para evitar su propia destrucción.

Dada la naturaleza del contexto hebreo y romano, las actitudes de Jesús hacia las mujeres mostraron una inclinación a retar los patrones culturales dominantes. Jesús, siendo judío y varón, habla con una mujer samaritana en el pozo (Jn. 4:14), defiende y protege a una mujer adúltera (Jn. 8:4), e invita a María y Marta a escuchar sus enseñanzas para aprender cómo hablar mejor sobre Dios. En términos generales, las mujeres tienen un lugar preferencial en algunos acontecimientos de la vida de Jesús. Por ejemplo, María Magdalena ve al Jesús resucitado (Jn. 20:1-18). Las narraciones sobre la vida y muerte de Jesús afirman que la mujer tiene la capacidad para contribuir al ministerio de las buenas nuevas. El compromiso de Jesús con la igualdad entre el hombre y la mujer es una manera de corregir y sobreponerse a la inclinación del pecado humano.

Muchos estudiosos de la Biblia argumentan que el apoyo económico y religioso que Jesús recibió de parte de las mujeres se debía a su actitud de respeto e inclinación para incluirlas integralmente a su ministerio (Lc. 8:1-3). El movimiento de Yahvé en el Antiguo Testamento y el movimiento cristiano del Nuevo Testamento, comparten una inclinación hacia la igualdad que aparentemente fue muy atractiva para los marginados, al igual que para otros grupos sociales. Este elemento igualitario explica, en parte, el éxito que estos movimientos religiosos tuvieron en su contexto social. El Antiguo Testamento provee múltiples ejemplos del liderato religioso ejercido por mujeres (Ex. 15:20-21 y 4:18-31; Jue. 4; 2 R. 22:14-20 y 2 Cr. 34:22-28). En el Nuevo Testamento la iglesia primitiva afirmó la igualdad de la mujer en el evento de Pentecostés, y también reconoce la contribución ministerial de la mujer. El libro de Hechos da testimonio de las muchas mujeres que abrieron las puertas de sus casas y su riqueza para el trabajo misionero de la iglesia.

Existe tensión entre la dimensión cultural y la religiosa que son normativas en las Escrituras. Uno de los retos que actualmente enfrentamos es discernir hasta qué punto lo que se dice sobre la mujer en los pasajes bíblicos citados es producto del contexto cultural en que se escribieron estos textos y entonces separar ese elemento social de lo que es moralmente normativo en las Escrituras. Como hemos mencionado, siempre estamos luchando con la traducción de lo que dicen las Escrituras y lo que significan para nosotros.

Las mujeres en la historia de la iglesia

La historia del pensamiento y de la práctica de la iglesia también revela ambigüedad en las comunidades de fe en cuanto al rol, estatus y contribuciones de la mujer. Antes que nada, debemos recordar que la historia de la iglesia, hasta muy recientemente, ha sido escrita por hombres. Esto quiere decir que el contexto académico, cultural, político y religioso estaba esencialmente influido por el sistema patriarcal. Muy significativamente, esto explica que se le haya dado menos atención a las contribuciones que las mujeres han hecho al pensamiento y obra cristiana. Incluso los estudiosos que en su investigación histórica han incluido la contribución de las mujeres, lo han hecho de manera secundaria y como complemento a la actividad primaria de los hombres. No debe sorprendernos, por tanto, que en la mayoría de los recuentos de la historia de la iglesia a las mujeres, se les ignore o se les presente de una manera secundaria y desventajosa.

La creencia y actitud teológica entre los «padres de la iglesia» estaba dominada por la consideración de que la mujer era la causa de la tentación y pecado y de la distorsión de todos los proyectos del hombre. Algunos de los «padres» identificaron a las mujeres con el cuerpo, con los deseos carnales, y como seres emocionales carentes de razón. Al hombre se le identificó con la imagen de Dios y, por lo tanto, como racional y más capaz de controlar sus instintos y pasiones. Su racionalidad también lo hacía más prudente o capaz de calcular los mejores medios para lograr los fines que buscaba realizar. Esa supuesta superioridad racional y prudencia justificaban su dominio sobre la mujer. Así pues, el hombre tenía que ejercer dominio sobre la mujer tanto para controlar la inmoralidad, como para promover el bien moral.

Con muy pocas excepciones, esta perspectiva dominó el pensamiento y práctica cristianas durante la mayor parte de la historia de la iglesia. Los reformadores del siglo 16 continuaron las actitudes sexistas y patriarcales que dominaron la tradición teológica y eclesiástica católico-romana. Incluso, en algunos casos, su práctica institucional fue en detrimento a ciertos adelantos que las mujeres habían logrado. Por ejemplo, los reformadores eliminaron los conventos que eran administrados por mujeres. Estas instituciones eclesiales proveyeron, a muchas mujeres, la oportunidad de adquirir educación teológica y un espacio para ejercer un liderato social, político y religioso. Además, algunas directoras de conventos tenían acceso e influencia sobre líderes políticos y religiosos. Como consecuencia, la eliminación de estos conventos limitó los espacios y centros donde la mujer cristiana podía ejercer su liderato y tener una voz independiente y auténtica.

Por otro lado, la tradición reformada permitió que sus pastores se casaran y esto abrió, de manera indirecta, ciertas posibilidades para el ministerio de la mujer. En sus comienzos, estos ministerios se limitaron al área de la educación, la adoración y las misiones de la iglesia. Sin embargo, los prejuicios, prácticas y actitudes patriarcales en contra de la mujer y que dominaban en la sociedad, se hicieron sentir en las iglesias y atrasaron significativamente que la iglesia se convirtiera en un medio para promover el trato igualitario.

Durante el modernismo se enfatizó la igualdad económica, política y social de la mujer y no sólo su dignidad ante Dios. Aunque las prácticas patriarcales todavía dominaban el ambiente cultural, los principios morales de autonomía, los derechos humanos, la libertad del individuo y la justicia, crearon condiciones favorables para promover movimientos políticos que lucharon por la emancipación de la mujer. El modernismo llevó a las iglesias a enfatizar la realización de la libertad e igualdad humana, algo que no podía dejar de afectar la situación de la mujer.

A pesar de las actitudes e instituciones patriarcales, las mujeres siempre han luchado por encontrar su lugar en la vida pública y política. Una vez que las mujeres entraron al ámbito público, descubrieron que no serían una fuerza efectiva y positiva a menos que tuvieran el derecho a votar y todos los otros derechos sociales y políticos ciudadanos. En los primeros años de su vida pública no sólo lucharon por lograr el derecho al voto y establecer políticas sociales que promovieran el bienestar de la familia, sino también ejercieron un liderato efectivo y creativo en los movimientos contra la esclavitud y el alcoholismo. Su interés y pasión política estaban inspiradas por una visión del bien común y no sólo del bienestar propio.

La organización de las mujeres, dentro y fuera de las iglesias, nos ha hecho más conscientes de otras formas tradicionales en que se manifiesta la discriminación contra ellas. En particular, estamos más conscientes de los distintos tipos de agresión que se han cometido contra la mujer como el incesto, la violación, la promoción y mantenimiento de la prostitución, el abuso sexual y otras formas de violencia doméstica física y sicológica. Otra forma de agresión en contra de la mujer es el bajo salario que recibe por hacer el mismo trabajo que un hombre. Hoy día, los grupos feministas continúan ejerciendo su creatividad y capacidad organizativa no sólo para mejorar la condición de la mujer, sino también para mejorar la calidad de vida de toda la sociedad.

El liderato de la mujer dentro de la iglesia

En nuestro contexto actual, las mujeres han asumido mayor liderato y responsabilidad en todos los niveles de la mayoría de las iglesias. No sólo a nivel pastoral, sino también a nivel de la iglesia central nacional, muchos puestos claves dentro de las denominaciones están ocupados por mujeres. Las mujeres cristianas se han organizado de tal manera que la gran mayoría de las iglesias tiene grupos que trabajan sobre asuntos de la mujer y que hacen trabajo político dentro y fuera de la iglesia defendiendo los derechos, los puntos de vista y la participación de la mujer en todos los niveles. Las iglesias no pueden ignorar la demanda de las mujeres para recibir un trato igual y para terminar con la discriminación en contra de ellas. En parte, esto es resultado del mero hecho de que la mayor parte del trabajo de la iglesia es producto de la mujer.

De estos avances no podemos deducir que las mujeres han logrado, tanto fuera como dentro de la iglesia, la realización de la igualdad. La mujer todavía tiene problemas para lograr ser ordenada para el ministerio de la iglesia. Muchos grupos conservadores —dentro de todas nuestras iglesias— se oponen a la ordenación pastoral de la mujer; algunas iglesias protestantes se rehúsan a ordenarlas y la iglesia católica definitivamente no las ordena. Las iglesias metodista, luterana, presbiteriana, episcopal, pentecostal, wesleyana, asamblea de Dios, nazarena, reformada cristiana, y otras denominaciones, sí reconocen y otorgan la ordenación a mujeres.

Es importante notar que las denominaciones que son parte integral del «Movimiento de Santidad», como lo es la iglesia Pentecostal, desde el principio fueron más dadas a reconocer la igualdad de la mujer dentro del ministerio. En los primeros años de este movimiento, con su énfasis en la presencia y el poder del Espíritu Santo como el centro de la comunidad de fe, se entendía que el ministerio era integral y que necesitaba del talento de todos sin importar su género o raza. Estas iglesias, siendo fieles a las enseñanzas del Nuevo Testamento, entendieron que el ministerio era para personas competentes, fueran mujeres u hombres. Sólo había que demostrar que uno poseía el don del Espíritu, y el único requisito bíblico era que Dios los hubiera llamado al ministerio.

Las primeras congregaciones del Movimiento de Santidad no sólo tenían liderato femenino, sino que eran congregaciones racialmente integradas. Muchos de estos ministerios fueron ejemplo de cómo los pastores y pastoras podían trabajar como iguales. Según el movimiento creció, y se institucionalizó, muchas de las actitudes raciales y sexistas de nuestra sociedad se infiltraron en la vida de estas iglesias. Así que éstas repitieron los errores de las otras. Tal vez una lección que podemos derivar de esta experiencia es que, como cristianos, no podemos permitir que nuestro pasado, nuestras tradiciones culturales, y mucho menos las presiones sociales de nuestro momento histórico, determinen nuestra práctica ministerial. Nuestra meta debe ser querer hacer la voluntad de Dios.

La lucha por la reivindicación de los derechos y el reconocimiento de la igualdad de la mujer sigue en pie. A pesar de ser admitidas al ministerio de la iglesia, todavía no reciben un trato igual dentro de ella, lo que demuestra que lo peor de nuestra cultura es lo que influye en nuestro comportamiento moral. Solamente cuando el hombre y la mujer trabajen juntos y en igualdad, el ministerio dará un mejor testimonio sobre el tipo de vida que es más semejante al reino de Dios. Es por ello que los movimientos en favor de la igualdad de la mujer y que implican la creación de relaciones de mayor justicia, de reconocimiento y respeto mutuo entre los géneros, deben ser bienvenidos y apoyados por la palabra y práctica de la iglesia.

La igualdad racial

Los conflictos raciales y étnico-culturales, junto con el sexismo, son uno de los problemas más urgentes que confrontamos tanto a nivel global como en nuestra sociedad particular. Este tipo de problema social no sólo cuestiona la integridad de nuestras organizaciones políticas y sociales, sino también la credibilidad de la misión de la iglesia que busca realizar el reino de Dios. El compromiso moral que tienen los cristianos de crear la unidad entre los humanos como señal de la presencia del reino de Dios, ha recibido su prueba más contundente en el reto que representan las actitudes y prácticas racistas.

Al igual que el sexismo, el racismo y chovinismo cultural son un problema intrínsecamente moral y espiritual, cuya solución demanda mucho más que la mera transformación de nuestra manera externa de actuar. La solución a estos problemas requiere una conversión radical al nivel de nuestras motivaciones, intenciones, inclinaciones y formas de ver y entender lo que significa ser humano.

Es imposible, por tanto, pensar que podemos darle una solución meramente legal a estos prejuicios. Sin lugar a dudas, las leyes que buscan contener la práctica de prejuicios, en todas sus expresiones, son absolutamente necesarias e indispensables. Las leyes sociales contra los prejuicios, y la amenaza del castigo que traen consigo, nos ayudan a modificar nuestro comportamiento externo conteniendo y reduciendo los abusos y la violencia que se comete contra las víctimas del racismo, sexismo y chovinismo cultural. Es posible que tales leyes, si se legislan e implementan, tengan influencia en la manera de ver a las víctimas de nuestros prejuicios y eleven nuestra conciencia moral al punto de transformar nuestras prácticas. Es por esto que la lucha por las reformas sociales es importante. Tales reformas contribuyen significativamente a reducir la práctica del prejuicio racial y cultural. Es importante reconocer, sin embargo, que la eliminación de las prácticas sexistas, racistas y de chovinismo cultural requiere que las personas experimenten una transformación interna, una transformación en el centro de su personalidad; y que de esta manera su temor, odio o prejuicio se conviertan en amor, la indiferencia en compasión, y la opresión en justicia.

Raza y racismo

El racismo, como el sexismo, es un problema de carácter global con raíces profundas en las sociedades de América del Norte y África del Sur (y, de hecho, en muchos países del hemisferio norte). El racismo se fundamenta en la creencia de que ciertos grupos con características y herencia biológica particulares son esencialmente superiores a otros grupos sociales con características raciales que se identifican como innatamente inferiores. Las diferencias entre estos grupos se definen como predeterminadas e inmutables. La cultura del grupo superior se considera universal y válida para todos, mientras que las particularidades sociales y culturales del grupo subordinado se tienen como inferiores y, por tanto, exclusivas de ese grupo y carentes de significado para el resto de la humanidad. Esta perspectiva, entonces, asume que personas de grupos raciales y culturales distintos no pueden vivir juntos en armonía, ni interactuar como seres humanos. Algunos racistas «cristianos» alegan que todos somos iguales y podemos estar unidos espiritualmente, pero que esta igualdad y unidad espiritual no se puede realizar en el mundo material donde se dan concretamente nuestras relaciones sociales, políticas y económicas. El racista identifica de manera arbitraria, y a veces imaginaria, algunas características biológicas o culturales como bases para justificar la exclusión y dominación de un grupo determinado. El racismo, en todas sus expresiones, consiste en la creación de barreras que atentan contra la unidad e igualdad de la familia humana y, como tal, es intrínsecamente contrario a la fe cristiana.

Desde el punto de vista de las ciencias antropológicas es importante notar que no existen razas puras. Nuestras diferencias, distinciones raciales y culturales no son fundamentalmente significativas en cuanto a la igualdad humana. La diversidad racial y cultural enriquece el alma y la perspectiva, pero no nos distingue fundamentalmente en términos de valor, dignidad y capacidad de sentir. Todas las ciencias antropológicas y biológicas afirman que los seres humanos tienen más en común los unos con los otros que lo que tienen de diferente. En el sentido más literal de la palabra, sólo hay una raza, la raza humana. Lo que hoy puede ser más significativo todavía, dados los adelantos tecnológicos que han empequeñecido el mundo en que vivimos, es que el movimiento social y cultural de todos los pueblos es hacia la mezcla cultural y racial. El mestizaje y cualquier otra expresión de mezcla racial, al igual que las expresiones culturales híbridas, constituyen el futuro de todos los pueblos.

El racismo en los Estados Unidos

El consenso entre los científicos sociales, y la mayoría de los líderes políticos y religiosos, es que la mayor falla de los Estados Unidos ha sido su incapacidad de responder creativamente al reto del racismo. Todos los grupos étnicos raciales que habitan la nación norteamericana se quejan del prejuicio racial que se practica contra ellos, y de los estereotipos que justifican estas prácticas de crueldad y violencia. Los asiáticos, los hispanos y los indígenas se quejan de que han sido, y siguen siendo victimizados debido a actitudes y prácticas raciales. Su queja es que se les discrimina en la educación, las oportunidades y promociones en el ámbito del empleo, y otros más.

Pero ningún grupo ha sufrido más plenamente la deshumanización y humillación del racismo que los afroamericanos. La raíz de este fenómeno comenzó con la historia de la institución de la esclavitud. El esclavo se definía como la propiedad de otro, su voluntad era hacer lo que decía el dueño, y su trabajo o servicio se adquiría, particularmente cuando el esclavo rehusaba aceptar su condición de inferioridad y subordinación, por medio de la violencia.

La abolición de la esclavitud, al terminar la guerra civil, no tuvo como consecuencia la eliminación del racismo. Éste se perpetuó por medio de la práctica de la segregación racial. El principio de «iguales pero separados» logró constituirse en estatuto legal en muchos estados de la nación. Los afroamericanos no podían usar las fuentes de agua, los baños, los parques de recreación, ni ir a los mismos restaurantes, hoteles, cines y lugares de entretenimiento a los que asistían los blancos. Su pobreza y mala situación económica se reflejaba en sus barrios, viviendas y escuelas, las que, por falta de recursos, eran significativamente inferiores. Los afroamericanos no tenían las mismas oportunidades de empleo, sus salarios eran más bajos y no tenían derechos políticos. Todos estos factores impedían su progreso social.

Los afroamericanos han demostrado gran heroísmo político en la manera en que han luchado para lograr mayor igualdad social, política y económica. Muchas y diversas fueron sus luchas por la emancipación racial: algunos batallaron por mayor integración, otros limitaron sus luchas a resistir la destrucción cultural y la identidad africana, otros abogaron por la separación total entre las razas y pedían control sobre una porción del territorio norteamericano. Estos movimientos y otros, con diferentes grados de radicalidad, continúan. El movimiento que ha sido dominante, y con el cual la mayoría de los cristianos se ha identificado, es el que persigue la integración y la reivindicación de los derechos civiles.

Es importante reconocer que existe un elemento separatista dentro de los mismos grupos étnicos raciales y que muchas veces estos grupos se oponen a la integración y la unidad con otros grupos. Muchas veces, este espíritu separatista de parte de los grupos minoritarios, es un mecanismo de defensa contra la continua humillación que sufren en su cotidiano vivir. Como algo negativo, ésta es la manera en que expresan su coraje contra el grupo dominante. Como algo positivo, es una manera de manifestar su orgullo de ser parte de un grupo racial o cultural y de expresar su preocupación de que se niegue o diluyan los valores centrales a su estilo y sentido de vida, en nombre de la unidad. También es una necesidad estratégica por la cual el grupo minoritario logra crear mayor conciencia de sus necesidades, tanto dentro como fuera de su comunidad, y logra consolidar su poder frente a otros grupos. De esta manera, la separación táctica contribuye al desarrollo del orgullo racial y cultural del grupo oprimido y a consolidar su sentido de respeto por sí mismo. Esto le permite la integración en base a la reciprocidad de reconocimiento y ayuda mutua, más de lo que permitiría la actitud de imperialismo cultural y paternalismo racial. Aun entre los grupos minoritarios es importante enfatizar que, desde la perspectiva cristiana, sus tácticas deben encarnar el propósito último, que es la unión de la familia humana.

La lucha contra el racismo, a pesar de los muchos éxitos y logros, todavía continúa. En un sentido se puede decir que la dimensión legal de la lucha se ha ganado. Hoy día existe un gran número de recursos legales para contener las prácticas discriminatorias, tanto a nivel personal como institucional. La segregación, en términos generales, se ha eliminado, aunque existen algunas instituciones que todavía la practican y que requieren que mantengamos una actitud vigilante y militante contra esa práctica. Lo que es todavía más peligroso, y difícil de combatir, es superar las actitudes, motivaciones y disposiciones raciales que son el legado de la cruel historia de la esclavitud y la segregación. Hoy día todos pueden decir que están en contra de la discriminación racial y que están en favor de la igualdad de derechos y oportunidades. Sin embargo, esa expresión oral no armoniza con las intenciones, actitudes y motivaciones de muchas personas. Dado que la discriminación ya no se practica abiertamente, sino de manera indirecta y sutil, la política de la acción afirmativa todavía es muy necesaria.

Las luchas heróicas de los afroamericanos, su fuerte crítica de la ideología del racismo, al igual que algunos de los modelos de lucha para mejorar la condición del pueblo oprimido, ha instruido e inspirado la práctica de todos los otros grupos raciales/étnicos y al movimiento de las mujeres. Sin embargo, cada lucha por la promoción de los derechos civiles tiene sus características y diferencias particulares. Los latinos hemos sido más militantes en asuntos culturales como la preservación del idioma; y también hemos tenido que luchar para que se diversifique la interpretación de la identidad racial del pueblo. En los Estados Unidos la mentalidad racial es bipolar, la diferencia básica es entre blancos y negros. A los hispanos se nos quiere colocar en este contexto bipolar cuando en realidad tenemos hermanos y hermanas blancos, negros, indígenas, asiáticos y un gran número de mezclas raciales.

Muchos hispanos, en particular los de origen africano, han tenido que luchar con la pregunta de si su lealtad primaria es con su nacionalidad o con su raza. Su experiencia en los Estados Unidos los han hecho muy conscientes de la discriminación racial, más sutil pero igualmente efectiva y cruel, que existe entre los latinos. Parte de la lucha hispana consiste precisamente en resistir que el prejuicio y la discriminación racial, normativa en los Estados Unidos, se convierta en parte integral de nuestra propia comunidad.

Hoy en día, la mayoría de los grupos étnicos involucrados en las luchas por los derechos civiles le dan prioridad a la lucha por la justicia económica y social por encima las luchas raciales. La mayoría de estos grupos se han comprometido, con o sin ayuda del gobierno, a crear programas que les permitan superar su pobreza, reducir la violencia (en particular, la violencia entre los jóvenes de los centros urbanos), ayudar a consolidar los núcleos familiares, reducir el número de embarazos prematuros entre las jóvenes, reducir el crimen y fomentar más justicia legal (ya que el sistema legal castiga con más frecuencia y severidad a los jóvenes de nuestras comunidades). Todas estas luchas reflejan un compromiso con la igualdad social.

La perspectiva bíblica

En los Estados Unidos la Biblia ha sido parte integral de la lucha por la justicia racial, como lo fue de las luchas feministas. Los grupos que se beneficiaron de la institución del racismo apelaron a la Biblia. Para legitimar y justificar sus posturas sociales y políticas, enfatizaron los pasajes bíblicos que hablan sobre la esclavitud sin condenarla y en particular los pasajes que exhortaban a los esclavos a aceptar su posición y a obedecer y someterse a sus amos (Ef. 6:5). Los racistas también apelaban a Génesis 9:24-27, la maldición de Cam. Ellos alegan que Cam era negro y que Dios condenó a su raza a la esclavitud eterna. El hecho de que el relato bíblico deja claro que quien condena es Noé y no Dios, que ese pasaje no contiene identificación racial, y que quien recibe la condenación no es Cam sino Canaán, no impide que quienes tengan un prejuicio racial le impongan a las Escrituras la interpretación que justifique su conducta abusiva y deshumanizante. Este es otro ejemplo de cómo los valores e intereses culturales opresores pueden llegar a dominar la vida religiosa y distorsionar el mensaje bíblico de amor, justicia, libertad e igualdad.

Los grupos raciales étnicos que se opusieron al racismo también apelaron a la Biblia para justificar su liberación. Los separatistas usan pasajes bíblicos que enfatizan que la mezcla racial es contraria al propósito de Dios. Para ellos, Dios creó diversidad racial y desea que las razas se mantengan separadas. Entonces, desde su punto de vista, las Escrituras nos enseñan que la mezcla racial lleva a los matrimonios mixtos o interraciales (que en los Estados Unidos es menos aceptable que ser negro) y al caos y deterioro social (Dt. 7:3 y Esd. 9–10). Demás está decir que estos intérpretes no reconocen que esos pasajes no buscaban condenar los matrimonios raciales mixtos, sino evitar la mezcla con elementos paganos e idólatras que hacían que el pueblo hebreo perdiera su identidad religiosa. Lo mismo sucede con el pasaje de Hechos 17:26b donde la separación no se refiere a las razas, sino a la separación de naciones. El relato bíblico sobre la torre de Babel también se usa como justificación para oponerse a la integración de las razas humanas (Gn. 11:1-9), porque la diferencia de idiomas se usa para mantener la separación las unas de las otras.

Los buenos propósitos no justifican la manipulación de la Biblia. Sin lugar a dudas, la Biblia reconoce la institución de la esclavitud, aunque es importante notar que la esclavitud bíblica no es de la misma naturaleza que la esclavitud que se practicó en los Estados Unidos. La Biblia no sólo reconoce la institución de la esclavitud, sino también recomienda que los esclavos le rindan obediencia a sus dueños. No encontramos ni en Jesús, ni en el apóstol Pablo ningún texto que condene o se oponga a la práctica de la esclavitud. Aunque Pablo sí tenía el interés de lograr la libertad de un esclavo particular, es muy probable que ni Pablo ni Jesús concibieron la posibilidad de una sociedad sin esclavos. También es probable que Pablo no recomendó que los cristianos tomaran una posición antiesclavista por temor a que la persecución contra la iglesia cristiana se hiciera más severa. Sin embargo, en todas las enseñanzas de Jesús, y de su discípulo Pablo, el énfasis es en el amor, la justicia, la libertad y el servicio mutuo que nos inclina a apoyar la igualdad y el buen trato de quienes se encontraban en esclavitud. Cuando Pablo recomienda que, al menos dentro de la iglesia, se reconozca la igualdad de los esclavos, sembró una semilla muy importante que señalaba hacia la práctica de la igualdad y la libertad en toda esfera humana.

El corazón del mensaje profético no aboga por la división humana, sino por la unidad y la solidaridad de los individuos y de los pueblos e, indirectamente, por la igualdad racial (Gá. 3:28). Como ya lo hemos mencionado varias veces, el mensaje bíblico se centra en la convicción de que todos somos creados a la imagen y semejanza de Dios, que es la base de nuestra dignidad. El Dios que nos creó como hermanos y hermanas establece las bases para la unidad de la familia humana.

La gran comisión y el mandamiento del amor, incluso el amor hacia nuestros enemigos, también implica la igualdad de toda la humanidad. La parcialidad de Dios hacia su pueblo escogido no excluye a los gentiles. Al contrario, el pueblo de Dios demuestra su fidelidad precisamente por la justicia y misericordia que ejerce hacia los extranjeros. El amor de Dios es inclusivo y busca realizarse históricamente creando relaciones más cercanas entre todos los pueblos.

El ministerio de Cristo también afirma el compromiso con la igualdad y la inclusividad. Jesús se relacionó con los samaritanos —los marginados sociales, culturales y religiosos de su época—, a quienes la mayoría de los judíos veía como sus enemigos. Recordemos que una de las acusaciones contra Jesús era ser samaritano (Jn. 8:48). Jesús le revela a una mujer samaritana que él es el Mesías (Jn. 4:17-30), y hace de los samaritanos ejemplos positivos de lo que demanda la moral (Lc. 10:25-37). No parece exagerado deducir que Jesús ataca el racismo y el chovinismo cultural por medio de su ministerio a los samaritanos. Jesús ve a los samaritanos, contraria a la visión hebrea dominante, como dignos de compasión, como parte integral, y como beneficiarios de la gracia de Dios. La igualdad y la unidad humana (Hch. 17:26a) constituyen un tema bíblico central que apoya la igualdad racial.

Una respuesta cristiana al racismo

Tenemos que reconocer, admitir y arrepentirnos de que la iglesia cristiana ha contribuido a la propagación y perpetuación del racismo, tanto dentro como fuera de sus paredes. Durante la época de la esclavitud, las iglesias no permitían que los afroamericanos asistieran y adoraran en sus templos. Cuando les permitían asistir, limitaban su presencia a un lugar predeterminado por los blancos que los mantenía separados. Todo esto contribuyó a que la comunidad negra formara sus propias iglesias; y cuando éstas crecieron, se convirtieron en motivo de preocupación para y de oposición de los blancos. Los cristianos blancos se opusieron a que los esclavos aprendieran a leer, temiendo que descubrieran el mensaje liberador de la Biblia, y muchos más se opusieron a que los afroamericanos tuvieran sus propias iglesias. Las primeras iglesias negras, al igual que la iglesia primitiva cristiana, surgieron clandestinamente.

La separación actual de la iglesia, en términos raciales, todavía da testimonio de la limitación de nuestra fidelidad. Todavía ocurre que la hora más segregada durante la semana es la hora del culto dominical en la mayoría de nuestras iglesias. La creación de iglesias hispano/latinas en los Estados Unidos también fue producto de la falta de hospitalidad de los grupos dominantes de blancos europeos. Recordemos que los movimientos migratorios hispanos se distinguieron por la falta de acompañamiento pastoral. Cuando los latinos visitaron las iglesias locales, incluso las iglesias de su propia denominación, no fueron bien recibidos. En parte, esto llevó a la formación de las iglesias pentecostales que fueron creadas por la misma comunidad con un liderato nacional auténtico.

A la luz de la historia y la actual crueldad y discriminación racial que es manifiesta, las iglesias en los Estados Unidos deben confesar su pecado y complicidad con el racismo y el chovinismo cultural con el fin de buscar formas prácticas de crear ocasiones para la integración racial y los encuentros e intercambios culturales. Las iglesias deben abrir sus puertas a todas las personas y fomentar la diversidad racial y cultural. Este compromiso práctico le dará credibilidad a su voz profética actual y a su denuncia de las prácticas sociales, culturales, económicas y políticas que fomenten la marginación y discriminación racial y cultural.

A nivel individual, es importante que los cristianos hagan un esfuerzo por hacer amigos y/o establecer comunicación y comunidad con personas de las diversas culturas y razas con quienes se relacionan de forma cotidiana en la escuela, el trabajo y el vecindario. Invítenlos a su casa y compartan con ellos y dejen que sus hijos convivan y se desarrollen en un contexto multiracial. Es importante que tengamos la disciplina de no hacer comentarios, chistes y declaraciones que perpetúen los estereotipos y fomenten actitudes raciales negativas. Particularmente, es importante que nos opongamos al racismo institucional, que luchemos para que los vecindarios sean mixtos o, al menos, no cerrados a personas de las diferentes razas. Esto incluye ser vigilantes de que los blancos no le nieguen préstamos a las personas que pertenecen a grupos étnicos raciales y culturales minoritarios, y que los agentes de bienes raíces no discriminen a estas personas en la compra de propiedades.

Al nivel político, las iglesias deben invitar a personas que trabajan en organizaciones que luchan por la integración racial y cultural y le hablen a su congregación. Deben educarse y apoyar los esfuerzos de su denominación que buscan contener el racismo y el chovinismo cultural en todas sus manifestaciones. Las iglesias tienen que mantener una actitud vigilante y una voz profética en el área de inmigración; deben luchar para que las leyes de inmigración sean justas y se trate con respeto a los indocumentados; deben promover y apoyar el liderato étnico, racial y cultural de los diferentes grupos. Así mismo, las congregaciones deben apoyar los esfuerzos de pastores y líderes que se comprometen con las luchas por la igualdad racial. El progreso de la integración racial y cultural, lo mismo que la lucha por la igualdad del género, es lento y requiere mucho trabajo de organización y vigilancia continua. Más que nada, requiere tanto cambios a nivel personal y social como cambios dentro de la iglesia.

La actitud cristiana debe ser a favor de la integración de las personas y los diferentes grupos sociales a que pertenecen. La separación se tiene que justificar y debe ser vista como un mal necesario, pero a corto plazo. Las fuerzas económicas, tecnológicas y políticas de nuestro momento actual están creando condiciones que requieren más integración, no sólo a nivel nacional, sino también a nivel global. La supervivencia de la especie humana depende de nuestra capacidad de crear estructuras e instituciones que nos permitan vivir juntos y en armonía. La afirmación de nuestro ser, de nuestra dignidad, se da precisamente en nuestra capacidad de establecer condiciones donde se den más encuentros entre los grupos que han sido forzados a vivir desconectados. Nuestra fe siempre ha entendido que la redención de la persona y de los pueblos se da en comunidad.

Capítulo 7
La ética social: El cristiano, la iglesia y el mundo

¿Cómo debemos relacionarnos los cristianos con el mundo en que nos ha tocado vivir? Esta es una pregunta que cada generación de creyentes tiene que hacerse y tiene que contestar a la luz de los retos morales de su momento histórico y a la luz de sus convicciones teológicas. La iglesia siempre se ha entendido a sí misma como una institución que es humana y divina. Como institución humana, siempre ha sido consciente de que el mundo tiene impacto en su forma de ser y actuar. Como institución divina, también tiene conciencia de su capacidad de impactar y transformar al mundo en que vive de manera significativa.

La relación del cristiano con su mundo cultural

Varias y diversas han sido las respuestas de los cristianos a la pregunta sobre su relación con el mundo. Sin embargo, todas estas respuestas tienen en común que son reflejo de la polaridad básica que se nos presenta en las Escrituras. Por un lado, 1 Juan 2:15 nos recuerda que los cristianos no debemos amar al mundo ni las cosas del mundo; el cristiano está llamado a mantener su distancia y a vivir en oposición al mundo. En el otro extremo, Mateo 5:13-16 nos dice que Jesús nos llama a ser la sal y la luz del mundo. Esta visión no llama a abandonar el mundo, sino a ser parte de él y a servirle. Estas dos alternativas han inspirado a los cristianos para definirse como el pueblo de Dios que ha sido llamado a *estar* en el mundo pero a no *ser* del mundo.

El problema para nosotros ha sido determinar qué significa estar o cómo podemos estar mejor en el mundo, pero sin ser del mundo. ¿Cómo hemos de vivir en un mundo que reconocemos como bueno, porque Dios lo creó, pero que se ha corrompido por el pecado humano? ¿Cómo hemos de vivir en este mundo sin ser víctimas de la corrupción y al mismo tiempo responder constructivamente a los retos morales que afectan nuestra vida aquí y de tal manera que contribuyamos a su redención?

La opción entre si la iglesia debe invertir energía y recursos en mejorar la condición de otros e involucrarse en dilemas de índole social y político, o si concentrarse exclusivamente en el desarrollo espiritual y el bienestar de la iglesia, depende de la manera en que uno interpreta al mundo y la actividad de Dios en él. ¿Acaso es el mundo nuestro enemigo, la fuente de nuestra corrupción, una realidad esencialmente hostil y negativa? ¿O es el mundo moralmente ambiguo, y un reto al que podemos responder y transformar en algo mejor? ¿Es el mundo esencialmente bueno o esencialmente corrupto? ¿Está Dios presente en nuestro mundo trabajando a través de la cultura en pro de nuestra redención, o es la cultura la negación de nuestros valores religiosos y la causa de nuestra perdición?

Aunque la comunidad de fe le ha dado varias respuestas a estas preguntas, podemos afirmar que, en general, los cristianos estamos más y más convencidos de que nuestro llamado como pueblo de Dios no se puede limitar meramente a sobrevivir como iglesia y mejorar nuestra condición espiritual personal. Ser cristiano implica dar testimonio vivo de las buenas nuevas del evangelio en palabras y obras, es decir, del poder transformador de Dios en todas las esferas de la vida humana.

Apuntes históricos

Un breve recuento histórico nos ayudará a entender las variadas y diversas maneras en que la comunidad de fe ha entendido que se debe relacionar con el mundo. En primer lugar, en sus comienzos la iglesia se definió a sí misma como una iglesia **separada del mundo**. La Biblia nos relata que la iglesia cristiana primitiva tenía la inclinación a separarse y ser distinta del mundo. Un factor determinante por el cual la iglesia se separó de la sociedad y de la cultura fue la inmoralidad que imperaba en el Imperio Romano. Los cristianos criticaban y rechazaban la cultura romana porque ésta: 1) permitía que unos pocos gozaran de una vida de lujo y consumo desmedido en medio de la pobreza de la mayoría; 2) definía la buena vida como la que se dedicaba al placer físico; 3) no valoraba la vida, y por tanto, permitía el circo con sus gladiadores y los juegos públicos donde unos morían para el deleite de otros; 4) aprobaba que los militares usaran sexualmente a niños, practicaban el infanticidio, la prostitución religiosa, la esclavitud y el suicidio.

La oposición cristiana en ese mundo tuvo un carácter pasivo. No motivó a los cristianos para tratar de cambiar esas cosas. Más bien los llevó a la creación de comunidades que estuvieron al margen de la sociedad y donde ellos practicaron un estilo de vida diferente. Es muy posible que la marginación política, la falta de recursos materiales, la falta de convicción de que era posible cambiar a la sociedad, y su creencia de que Cristo estaba por regresar, contribuyó a que los cristianos no fueran agresivos en su relación con el mundo.

Lo que es importante resaltar es que, desde sus comienzos, el movimiento cristiano le dio mucho valor a la formación moral de sus miembros, enfatizando tanto la disciplina personal como la de los miembros de la iglesia. Esto fue tan notorio que incluso los enemigos de la iglesia admiraban la manera en que los creyentes se preocupaban genuinamente los unos por los otros, cómo cuidaban y defendían a sus niños, y cómo trataban a los pobres y marginados. Los hombres y mujeres cristianos tenían fama de ser castos, puros, honestos, bondadosos, hospitalarios y generosos. Estas virtudes los hacían diferentes en medio de una cultura romana que estaba en un serio estado de decadencia moral. Es posible argumentar que la sociedad romana veía con buenos ojos el carácter moral de la comunidad cristiana, ya que, en términos generales, no era contraria a su visión de la buena vida. Sin embargo, el sentido escatológico de la iglesia, su convicción de que Cristo estaba por venir, al igual que su fe monoteísta radical, llevó a la comunidad de creyentes a renunciar y a no participar en muchos eventos de índole cultural, social y política del mundo romano.

La ausencia de los cristianos en las fiestas romanas y su negación para cumplir con algunos deberes sociales —como la participación en el ejército— se interpretó tanto por las autoridades romanas como por muchos ciudadanos, como señal de personas intolerantes y arrogantes. Se veía a los cristianos como personas antisociales que se creían superiores o mejores que los demás. Estas razones justificaron el ostracismo social de los miembros de la comunidad de fe y, tiempo después, su persecución política por parte de las autoridades romanas.

Esta hostilidad social y persecución política también motivó a los cristianos a separarse y marginarse aun más de la sociedad. Cuando uno suma que Cristo fue ejecutado por el estado, que los apóstoles fueron encarcelados, el martirio de Esteban (Hch. 7:58) y la persecución de la iglesia en Jerusalén, no debe sorprendernos que los primeros cristianos no fueran muy amigos de la vida política, que sospecharan del estado y que no confiaran en las organizaciones culturales y sociales.

La persecución a los cristianos duró unos 300 años, entre la época del reinado de Nerón en el año 64, luego de Domiciano y Decio y hasta llegar a Diocleciano en el año 311. Dado este contexto de persecución y marginación, tampoco debe sorprendernos que la comunidad de creyentes no predicara la redención del mundo, sino su juicio y condena. Los primeros cristianos fervorosamente creyeron que el regreso de Cristo sería para juzgar al mundo y a todos los poderes culturales y políticos, y no tanto para redimirlos. Esta visión escatológica también nos ayuda a entender la falta de urgencia cristiana respecto a la trasformación del mundo, particularmente al nivel social y político.

Otro factor que contribuyó a que los primeros cristianos se desvincularan del mundo, fue su relación con los **gnósticos** y la incorporación de algunas de sus creencias. Muchos cristianos, entre ellos el apóstol Pablo, establecieron un dualismo entre lo material y lo espiritual. También, para muchos el mundo material era la causa de todo mal. La salvación, entonces, implicaba el rechazo y la negación a las demandas del mundo material. Así que renunciar al mundo se convirtió en una virtud entre muchos cristianos. Esto inspiró las prácticas del celibato, la pasividad social, la pobreza voluntaria, el castigo corporal y el misticismo.

Los esfuerzos que los cristianos hicieron para renunciar y separase del mundo no los llevó a la apatía moral. Al contrario, como mencionamos anteriormente, en el ámbito moral, la comunidad de creyentes fue muy estricta, al punto de ser algo autoritaria e intolerante. Se formularon normas morales más estrictas y una disciplina más rigurosa para instrumentarlas dentro de la comunidad, y como una manera para controlar y minimizar la influencia de las normas y prácticas de la sociedad circundante dentro de la iglesia y en la vida de sus miembros. Como consecuencia, la iglesia estableció sistemas de penitencia, de disciplina y de excomunión tanto para controlar los aspectos de la fe como de la vida práctica y cotidiana de los creyentes. La evangelización y la predicación tomaron un carácter legalista y moralizante a tal punto que se perdió de vista el poder y presencia de la gracia de Dios.

Es irónico que mientras la comunidad de creyentes tenía el fin y la intención de separarse y no mezclarse con el mundo, el resultado final fue que, a pesar de sus intenciones y acciones, los ideales morales de la iglesia ejercieron una gran influencia sobre el mundo. La iglesia primitiva trajo una revitalización moral que rebasó las paredes de las iglesia. En esto influyó significativamente la visión moral de las clases dominantes, cuando muchos de sus miembros se convirtieron a la fe y sentaron las bases para la futura creación de muchas instituciones sociales.

Las preocupaciones éticas y morales de la iglesia cristiana primitiva giraron en torno a los siguientes asuntos: 1) el significado y uso de la riqueza; 2) la práctica de la esclavitud; 3) el rol y justificación del estado político; 4) el servicio militar; y 5) la práctica de la pena de muerte.

La postura de la iglesia cristiana primitiva frente a la riqueza fue ambigua. Por un lado, la actitud de la comunidad de creyentes ante la riqueza era predominantemente negativa. La búsqueda y mantenimiento de la riqueza requería mucha atención y tiempo y esto lo restaba a las cosas de Dios. Las riquezas le daban acceso a su poseedor a todas las cosas que el dinero podía comprar y esto hacía del dinero un objeto de adoración e idolatría. El dinero también daba un sentido falso de independencia y autosuficiencia que desvinculaba a los creyentes de la comunidad y que no permitía reconocer la dependencia esencial e inevitable en Dios. Por éstas y muchas otras razones similares, los primeros cristianos sospechaban de quienes dedicaban su vida a la búsqueda de riquezas. Por otro lado, sin embargo, las riquezas proveían medios para extender el mensaje del evangelio. Es por esto que la sospecha nunca se convirtió en rechazo absoluto de la riqueza ni de los ricos. La riqueza podía ser un medio para hacer progresar al bien.

La iglesia aceptó la práctica de la esclavitud. Todo parece indicar que en este momento histórico los cristianos, al igual que la gran mayoría de sus contemporáneos, aceptaron la práctica de la esclavitud porque no creían, ni podían concebir otra alternativa social real. Sin embargo, dentro de la comunidad de fe era requisito que se tratara a los esclavos con respeto y compasión. Los esclavos eran sus iguales porque ellos también eran hijas e hijos de Dios y encarnaban la imagen de Dios en su ser. El sentido de la celebración del jubileo, que era parte de la visión redentora de la iglesia, dejaba claro que la esclavitud no podía ser permanente y que en algún momento tenían que liberarse de ella.

La actitud hacia el estado político también era ambigua. Como ya lo mencionamos anteriormente, la actitud hacia el poder estatal oscilaba entre una actitud de respeto, confianza y obediencia casi absoluta (que recomendaba el apóstol Pablo) y el rechazo total (del apóstol Juan). Según creció el movimiento cristiano y se estableció como una entidad social y política significativa, también se consolidó la inclinación a apoyar los esfuerzos del estado político. Para la mayoría de los cristianos, el estado y el orden político que éste representaba eran ordenados por Dios para el bienestar humano. Sin embargo, incluso en los momentos en que más confiaba en él, la comunidad de fe siempre tuvo grupos y sectas que mantuvieron una actitud crítica y negativa sobre el estado político. El estado político, por otro lado, siempre tuvo conciencia de que, dada la visión monoteísta de los cristianos, en el mejor de los casos, su lealtad política sería condicional y sujeta a cambio.

Otra razón por la cual la sociedad romana sospechó de los cristianos fue que en los primeros siglos la iglesia se opuso al ejército y al servicio militar. Para los romanos, la valentía implicaba matar o ser muertos en combate. La comunidad de creyentes, sin embargo, se entendía a sí misma como pacifista, es decir, como los seguidores fieles del Príncipe de Paz que rehusó apelar a la violencia para salvar su vida. La valentía consistía, más bien, en dar la vida y no en tomarla.

La actitud antimilitarista de la comunidad de fe no sólo tuvo bases morales sino también teológicas. En Roma, parte del proceso para llegar a ser soldado era rendirle culto al emperador. Para los creyentes cristianos, esto era un acto de idolatría y, por tanto, absolutamente prohibido. Para la iglesia primitiva, la violencia del estado, aunque necesaria para mantener el orden social, era contraria a la no resistencia que demanda el Sermón del Monte. Su convicción religiosa fue que no se podía matar a otros porque quedaba fuera de la jurisdicción humana tomar lo que sólo le pertenece a Dios.

La pena de muerte, por las mismas razones morales y teológicas que acabamos de mencionar, también se vio con sospecha por la iglesia primitiva. Tomar la vida ajena era tomar algo que no les pertenecía, ya que la vida es dádiva de Dios. Con el tiempo, la iglesia aceptó la pena capital como necesaria para la preservación del orden social y también aceptó que se matara a los herejes, ya que éstos amenazaban la vida eterna, que era todavía más importante que la vida terrenal.

La iglesia acepta al mundo

En el siglo cuarto, el emperador Constantino decretó al cristianismo en la religión oficial del imperio. Esto llevó a la iglesia no solamente a aceptar al mundo, sino también a asumir más responsabilidad por la tarea de preservar y promover la cultura. El poder del estado ahora ya no se usaba para perseguir a los cristianos, sino que, por el contrario, ahora se ponía al servicio de reclutar y ayudar al crecimiento de la iglesia cristiana. El estado no sólo subsidió la construcción de iglesias y la organización de conferencias religiosas, sino también nombró obispos; creó nuevas leyes que promulgaban valores morales y religiosos aceptables a la comunidad de fe, y le dio a la iglesia el monopolio religioso.

Así fue como la iglesia comenzó a depender del estado para sus fines evangelísticos y misioneros. Con, o sin intención, el apoyo del estado político hizo que la iglesia se convirtiera en algo así como el policía moral del estado. En esta nueva capacidad y función de la iglesia, el legalismo moral tomó precedencia sobre la gracia de Dios. Estos cambios, acompañados de la pérdida de la pasión y esperanza de que Cristo regresaría pronto, hicieron que la iglesia transformara su actitud de rechazo y oposición al mundo en una actitud de aceptación y apoyo; debido a lo cual la iglesia comenzó a desarrollar una actitud más positiva hacia Roma. Así, la comunidad de creyentes tuvo la motivación de tomar más responsabilidad por las dinámicas, el mantenimiento y el bienestar del mundo.

Por supuesto, no todos los cristianos se acomodaron a las nuevas tendencias culturales. Hubo grupos sectarios que, recordando el origen de la iglesia, creían que ajustarse a las maneras del mundo social era en sí un acto de infidelidad a Dios y al evangelio de Cristo. Así que estos grupos se auto-proclamaron los únicos cristianos verdaderos. Dada la nueva realidad política de unidad entre el estado y la iglesia, estos grupos de cristianos disidentes fueron perseguidos por sus propios hermanos y hermanas en la fe. Tanto el estado como la iglesia dominante persiguieron a quienes veían como herejes o como personas que amenazaban el orden político cristiano.

La integración de la iglesia a la sociedad fue una fuente de donde surgieron conflictos entre personas y grupos del ámbito político y del religioso. La relación de la iglesia con el estado llevó a serios conflictos entre ambas entidades sociales. Con el tiempo, la iglesia se convirtió en un poder significativo y logró ejercer el control dentro del ámbito cultural, político y religioso. Debido a su intención de controlar más y más ámbitos dentro de la sociedad, la iglesia comenzó a utilizar la violencia y las mismas mañas del mundo secular. Cuando consolidó su poder, la iglesia usó su influencia para obligar a todos los ciudadanos dentro de su jurisdicción política a que fueran cristianos. A los no cristianos se les perseguía, se les exilaba o se les convertía por la fuerza. Los acuerdos y compromisos que la iglesia hizo con el mundo pagano también llevó a varios sincretismos de carácter político y religioso.

Desde el año 400 d.C. hasta el 1500 d.C., la iglesia cristiana consolidó su poder y surgió como la institución dominante dentro del ámbito cultural, social , político y religioso del mundo occidental. De esta forma, la iglesia se comenzó a definir como el principal poder en el mundo occidental. Su posición como poder mundial, inevitablemente trajo consigo compromisos y la pérdida significativa de su influencia moral y espiritual. Esto dio lugar a expresiones y tendencias de tipo separatistas, como el monasticismo, el ascetismo y el misticismo. Estos movimientos no buscaban dividir a la iglesia; más bien, el propósito era reformar su vida interna revitalizando a su liderato moral y religioso.

El monasticismo y ascetismo tenían como fin supremo para la vida lograr la contemplación de Dios y la estricta imitación de Cristo. Una condición necesaria para lograr más intimidad espiritual con Dios, era la renuncia, la auto-negación y la férrea disciplina frente a las múltiples tentaciones del mundo. Desde el punto de vista monástico, el camino hacia la perfección moral requería sobreponerse a la tentación de la carne, de las posesiones y de la inclinación a hacer la propia voluntad en vez de cumplir la voluntad de Dios. Para lograr este fin, el monasticismo estableció prácticas y disciplinas religiosas conducentes a lograr una unión más íntima con Dios. Entre estas prácticas se incluían la castidad y el celibato, la práctica de la pobreza voluntaria y la obediencia a las autoridades, en particular, a la autoridad religiosa.

Los místicos, que buscaban una relación aun más íntima con Dios al punto de querer sumergir su conciencia en la conciencia divina para que no hubiera diferencia entre ellas, reconocían que la moralidad no se agota en actos externos, sino que reside y es regida principalmente por nuestra voluntad, motivos e intenciones. El primer y fundamental acto moral es la conquista de nuestra propia voluntad y su identificación total con la mente, las intenciones y la voluntad de Dios.

Aunque la iglesia dominante se acomodó al mundo en muchas cosas, también buscó transformarlo a la luz de las verdades religiosas y morales de la fe cristiana. La iglesia medieval postuló que Dios, el creador, era racional y que su razón estaba encarnada dentro de todas las esferas de la creación. El ser humano, como criatura de Dios, también es racional y debido a su semejanza con Dios participa de la racionalidad divina. Así pues, el ser humano puede discernir las leyes que rigen el universo, al igual que el orden y fin propio de todas las cosas; por lo que la vida moralmente buena consiste en entender y realizar el fin que Dios determinó para todas las cosas.

El fin del ser humano, creado a imagen y semejanza de Dios, es vivir racionalmente y lograr contemplar a Dios. Como ser social, el ser humano también tiene el fin de crear comunidades basadas en los principios de amor, justicia y ayuda mutua que hacen que su esencia social pueda florecer. Por lo tanto, las comunidades serán justas cuando sus leyes y costumbres reflejen el orden natural que Dios ha establecido. Las leyes de Dios, leyes objetivas que rigen la realidad en su totalidad, establecen un orden jerárquico al que el ser humano se tiene que ajustar. Por ejemplo, de acuerdo con la ideología medieval, a nivel personal el espíritu debería regir a la razón, y la razón a las pasiones; a nivel de la familia el hombre, que se definía como más racional que la mujer, debería regir sobre la familia; a nivel político, el rey debería regir sobre todos; y los soldados y obreros agrícolas estaban llamados a obedecer. Es importante reconocer que este sistema jerárquico le imponía obligaciones a las personas que estaban en posiciones de autoridad. El rey, por ejemplo, tenía la obligación de velar por los pobres dentro de su reino y proveer lo necesario para su bienestar. Violar esta obligación disminuía su autoridad y legitimidad como rey.

Para la iglesia, otra época de definición comienza con las reformas protestantes. La síntesis o unidad que estableció la iglesia y que durante la Edad Media distinguió el carácter del mundo medieval en el ámbito religioso, social, político y cultural, se desintegró durante la época de las reformas protestantes. Esa desintegración del orden social medieval tuvo varias causas: el desarrollo de las ciencias, y en particular la aplicación práctica de las ciencias naturales, trajo nuevos descubrimientos que cuestionaron muchos de los postulados religiosos y de la autoridad de la iglesia; las guerras de las Cruzadas expusieron a los europeos a otras formas de organizar la vida personal y política; se abrieron nuevas rutas comerciales que brindaron oportunidades económicas insospechadas hasta entonces, y que alteraron el equilibrio del poder social, creando las condiciones para que se dieran cambios políticos y sociales que disminuyeron el poder y la influencia de la iglesia; también surgieron las condiciones sociales y económicas que dieron paso a la formación de nuevos estados políticos independientes y de las nuevas clases sociales que dominarían la economía; se desarrolló el intelectualismo y el humanismo de manera significativa y de esta forma el ser humano, consciente de su capacidad creativa, comenzó a asumir mayor responsabilidad por su desarrollo personal e histórico.

Con el tiempo, se consolidó una visión del mundo y del ser humano donde los pueblos, naciones e individuos ya no tenían que adaptarse a un «orden dado por Dios». El ser humano se veía como capaz y responsable de transformar su propio mundo, creando nuevas posibilidades de vida tanto a nivel personal como político y social.

Los movimientos que surgieron con la Reforma Protestante contribuyeron a disminuir el poder de la iglesia dominante. Los reformadores recibieron apoyo no sólo de grupos religiosos convencidos de que la iglesia romana había abandonado su misión, sino también de algunos de los nuevos estados independientes que buscaban separarse del control de la iglesia y su orden medieval.

A nivel religioso, el protestantismo aumentó el espacio donde el individuo tenía la autoridad religiosa, al establecer una relación entre Dios y la conciencia del individuo que minimizó la autoridad de la iglesia. También enfatizó la superioridad de las Escrituras sobre la tradición teológica y eclesiástica, y la centralidad de la fe y actividad de la gracia divina (en vez de la disciplina moral) como medio de salvación. Aunque por un lado los reformadores rechazaron la actividad humana como medio para ganarse la salvación, por el otro la Reforma Protestante le regresó su dignidad al trabajo humano al convertirlo en una vocación con significado religioso. De la misma manera, la Reforma rechazó el ascetismo y el celibato por considerar que no promovían la realización plena de la voluntad de Dios para la humanidad.

Tres reformas protestantes

A. La reforma de Martín Lutero, y más tarde de Juan Calvino, se concentró mayormente en el ámbito teológico y eclesial (aunque Calvino también inició y se involucró de manera significativa en procesos que reformaron el orden político y social). Los reformadores no cuestionaron la relación que debía existir entre el estado y la iglesia. Para ellos, una parte integral de la misión del estado era a defender y proteger a la iglesia. La iglesia, a su vez, servía a ciertos propósitos sociales y políticos como mantener archivos y registros de nacimientos, matrimonios y muertes. Los reformadores protestantes y, aunque parezca extraño, también los católicos romanos compartían el compromiso de crear y vivir en un contexto cultural cristiano.

Lutero estableció la doctrina de los dos reinos y enfatizó el pecado humano. Con ello quería decir que los seres humanos vivimos a la vez bajo la soberanía del reino de Dios y la soberanía del estado político. Puesto que ambos reinos fueron creados y eran sostenidos por Dios, el ser humano tenía que vivir de manera leal a ambos reinos. Así que la vida se dio en el ambiguo contexto de ser leales a Cristo y a su iglesia y al mundo político. Su énfasis en el carácter radical del pecado humano implicó que el ser humano no tenía la inclinación de hacer el bien. Lo mejor que se podía hacer era tratar de contener la capacidad e inclinación a pecar. Contener el mal, el caos y la anarquía era el fin primordial del Estado. Lutero no sólo fue pesimista en cuanto a su visión sobre el ser humano y su compromiso moral, sino que también nos alentó al pesimismo y a la pasividad social. Calvino, aunque pesimista a nivel de la condición del ser humano, creía en la santificación y esto presentó la posibilidad de que el ser humano podía reformar su vida personal, al igual que el mundo social y político, de manera que contribuyera al bienestar común. La comunidad de creyentes tenía la responsabilidad de crear comunidades santificadas que testificaran y sirvieran a la gloria de Dios.

B. Los anabaptistas y menonitas rechazaron y denunciaron por igual tanto al cristianismo cultural de los católico-romanos como al de los reformadores protestantes. Para ellos, el cristianismo, por necesidad, tenía una dimensión anti-cultural y, por consecuencia, el estado político no tenía ninguna contribución que hacer en el ámbito religioso. La comunidad de fe y el estado político son entidades que se debían mantener a distancia y nunca asumir que se apoyaban. Para ellos, la fe verdadera no se podía imponer ni determinar por decretos legales. El discipulado, tanto como la fe verdadera, tenía que resultar de un acto libre y voluntario, una opción de la conciencia personal que no se podía forzar. Solamente quienes hacían profesión de fe y asumían un compromiso íntimo con las creencias cristianas y solamente quienes estaban dispuestos a sacrificar y sufrir por sus convicciones religiosas, eran dignos del bautismo. Estos grupos sufrieron persecución por el estado, por la Iglesia Católica Romana, y también por los grupos protestantes. Así que emigraron a América del Norte y a América del Sur buscando libertad para vivir sus creencias.

C. A partir de 1900 nacen nuevos grupos cristianos independientes. Entre ellos se encuentra el «Movimiento de Santidad» y un sinnúmero de grupos cristianos fundamentalistas. Estos grupos de hermanos y hermanas en la fe también expresan su religiosidad en oposición a la cultura secular moderna y científica. Estos argumentan que la cultura moderna ha enjaulado a la iglesia y la ha privado de su identidad particular. También dicen que las normas humanistas han substituido y dominado la sabiduría que se presenta en las Escrituras; y que los seres humanos viven bajo la ilusión de que pueden conocer y lograr el bien por sí mismos, independientemente de Dios y según su voluntad que se revela en la Biblia. Para estos cristianos la frase «no ser del mundo» quiere decir no acomodarse a las normas sociales dominantes. Ellos le dan mucho énfasis a la importancia de no ser parte de actividades como el baile, el cine, el fumar, beber y los juegos de azar que se identifican como actividades inmorales y contrarias a la disciplina y carácter cristiano. La frase «no ser del mundo» también implica que uno no debe participar en luchas sociales en pro de la reivindicación de la justicia y el bienestar humano. En sus comienzos, sin embargo, los fundamentalistas participaron en luchas políticas y sociales. Es importante notar que, a pesar de que en términos generales ellos han abandonado estas luchas, hoy día muchos están buscando formas de cómo alentar a sus comunidades a revivir su compromiso social. Hoy en día, la frase «no ser del mundo» se usa principalmente para expresar su rechazo a la teología liberal y en particular al uso de métodos científicos para el análisis bíblico. El literalismo bíblico que inspira a estos cristianos ha resultado en formas de legalismo moral. La Biblia, de acuerdo con esta perspectiva, provee reglas dictadas por Dios para guiar nuestra conducta personal y las relaciones sociales. Esta es la forma en que el Espíritu Santo se manifiesta entre nosotros.

Este breve recuento histórico provee el contexto para que examinemos las diversas maneras en que los cristianos conciben la relación que debería existir entre la fe y la cultura.

Apuntes éticos

Todos los cristianos afirmamos que nuestra primera lealtad es a Cristo. Sobre este punto no hay mucho debate. También reconocemos, cuando nuestra reflexión es serena y cuidadosa, que nuestra cultura requiere nuestra lealtad y cuidado. La cultura es producto de nuestro trabajo, una extensión de nuestro ser que expresa nuestra creatividad y nos provee los recursos que necesitamos para expresar y darle sentido a nuestra vida. Incluso la revelación de Dios se da por medio de nuestra cultura. Si fuera de otro modo, no podríamos entenderla, ni ésta podría darle significado a nuestra vida. De la misma manera que podemos afirmar que el ser humano es esencialmente religioso, también tenemos que admitir que es esencialmente un ser cultural.

Sabemos que el mundo cultural demanda nuestra lealtad y nuestra atención. Es necesario preservar y desarrollar la cultura, y esto requiere continua dedicación y devoción de nuestra parte. Reconocemos que tenemos responsabilidades para el buen funcionamiento de instituciones como la familia, la escuela, el estado y la iglesia. Dado que se nos pide lealtad hacia Cristo y hacia la cultura, la pregunta que urge contestar en este momento es cómo negociamos y balanceamos las tensiones y contradicciones que surgen de ello. La pregunta que cada generación de cristianos se tiene que hacer y contestar es: Ya que Cristo ha reclamado mi vida, ¿cuál es mi obligación y responsabilidad hacia las instituciones sociales que mantienen y perpetúan mi mundo cultural? Examinemos las diversas respuestas que las comunidades de fe han dado, y continúan dando, a este dilema y las prácticas que de allí han surgido.[1]

Podemos identificar al menos cinco alternativas que la comunidad de fe ha reconocido como formas adecuadas y válidas para abordar el asunto de nuestra lealtad a Cristo y nuestra lealtad a la cultura. Cada una de estas alternativas da una respuesta distinta a las cinco preguntas teológicas fundamentales que definen la manera en que se debe dar la relación entre nuestra lealtad a Cristo y nuestra lealtad a la cultura. La primera pregunta es la de los fundamentos de nuestro conocimiento: ¿Dónde reside la autoridad para nuestra comprensión ética, en la razón o en la revelación? La segunda pregunta es sobre la naturaleza y la localización del pecado y el mal: ¿Qué tan poderoso y prevalente es el mal y cómo puede el bien contener o derrotar a las fuerzas del mal? La tercera pregunta es sobre la ley y el evangelio: ¿Cuál es la relación entre las buenas nuevas del evangelio y las demandas sociales, culturales y políticas de nuestro mundo? La cuarta pregunta es sobre la relación entre Dios y el mundo, o la naturaleza y la cultura: ¿Cuál es la relación entre el Dios creador y sustentador de la naturaleza y el Dios de la historia y redentor del mundo? La última pregunta tiene que ver con la relación que debe existir entre los cristianos y quienes no confiesan a Cristo como su salvador, pero con quienes compartimos nuestro mundo social y cultural.

Con estas preguntas teológicas en mente, ahora examinemos las diferentes formas en que la comunidad de fe ha interpretado la manera en que se debe relacionar con su mundo cultural, social y político. Todas estas alternativas, como mencionamos, siguen teniendo vigencia en nuestro tiempo.

Las primeras dos alternativas que vamos a considerar representan opciones minoritarias dentro del movimiento cristiano mundial. Estas dos alternativas expresan opciones radicalmente opuestas, pero a pesar del carácter extremo y opuesto entre estas dos alternativas, ambas comparten la intención de resolver la tensión que existe entre nuestra lealtad a la cultura y nuestra lealtad a Cristo. Una de las alternativas le da solución a esta tensión negando la lealtad a la cultura, mientras que la otra soluciona la tensión uniendo la lealtad a la cultura y la lealtad a la fe al punto de que no podemos distinguir la una de la otra.

Cristo contra la cultura. Esta alternativa afirma que la cultura es la base del pecado y que no hay forma de redimirla. Los cristianos, por tanto, deben vivir en base a las reglas morales y las leyes que Cristo legó. Estas leyes y reglas nos dan el fundamento para formar una comunidad y cultura alternativa a la secular que es dominante. Parte de la identidad para estos creyentes es la creación de una comunidad centrada en valores cristianos que minimizan su contacto y relación con la cultura dominante. La inclinación de estos grupos es la de retirarse de los asuntos culturales, sociales y políticos y vivir dentro y para la comunidad de fe. Apartarse o retirarse del mundo, aunque puede no ser total, es significativo. Nadie puede evitar tener contacto y ser influido por el mundo social, cultural y político circundante. Como mencionamos, todos somos agentes culturales. Lo que esta alternativa nos sugiere es minimizar y ser muy selectivos en lo que absorbemos de nuestro mundo cultural.

Como ya lo vimos, en nuestro breve recuento histórico, los primeros cristianos, tanto por su esperanza en el regreso inmediato del Cristo, como por el rechazo y la persecución social y política que sufrieron, se rehusaron a participar en muchos aspectos de la cultura romana. La perspectiva de algunos de los padres de la iglesia fue que la vida de fe no dejaba lugar para preocuparse por el mantenimiento de la cultura. El teólogo Tertuliano, por ejemplo, alentaba a la comunidad de fe a no participar en la vida política, ni en el ejército; también aconsejó que los cristianos limitaran sus relaciones comerciales y que se abstuvieran totalmente de participar del teatro y del mundo artístico.

De acuerdo con esta perspectiva, el mundo cultural se ve como perverso y destructor de los propósitos cristianos. El famoso escritor ruso Tolstoi, que tuvo una tardía experiencia de conversión a la fe cristiana en su vida, creía que el mal o el pecado residía en la sociedad, en el estado, en la iglesia institucional y la cultural, en el sistema económico y en las artes y la ciencia. El movimiento monástico y místico, los anabaptistas, los Amish, los cuáqueros y los menonitas también presentan esta actitud de sospecha y de separación del mundo cultural en su entorno. Hoy día, el teólogo menonita John Howard Yoder y el teólogo metodista Stanley Hauerwas representan una versión revisada de esta postura. Para estos dos autores, la iglesia provee una sociedad alterna que denuncia las formas corruptas de este mundo contemporáneo y que, al mismo tiempo, le brinda al mundo una alternativa de vida más fiel a los fines de Dios.

Esta renuncia y separación de la cultura, en nombre de la fidelidad a la vida de fe, contiene valores que podemos reconocer como necesarios y positivos. Nuestra experiencia confirma, dado el carácter comercial de nuestra cultura que devalúa muchas de nuestras relaciones más personales e íntimas y las reduce al placer, que en ocasiones se hace necesario y saludable separarse de las tentaciones culturales para cultivar la vida espiritual y profundizar la relación con Dios. Poner cierta distancia y renunciar a muchos de los patrones culturales nos permite visualizar más claramente los elementos de nuestra identidad religiosa para recobrar la centralidad de la revelación (sobre la razón) y de la voluntad de Dios (sobre nuestra voluntad y poder). Esta actitud anticultural puede generar actitudes críticas, liberadoras y transformadoras del mundo social y cultural en que vivimos.

Sin embargo, a pesar de los elementos positivos de la alternativa anticultural, no es tan evidente que Jesús nos llame a separarnos del mundo que Dios mismo ha creado y en donde nos ha colocado para vivir. El hecho de que Jesús alentara a sus discípulos a ser una influencia positiva en su mundo cultural, señala al hecho de que nuestro compromiso de fe no implica vivir en total separación, o en una separación significativa, de nuestro contexto social y cultural. De la misma manera en que la revelación es central para el buen vivir, no podemos prescindir del uso de nuestra facultad racional, también dada por Dios y que nos asiste en determinar lo bueno y nuestras responsabilidades hacia el mundo.

La visión anticultural tiende a identificar lo malo y el pecado con la dimensión natural de nuestra existencia, y lo bueno y santo con la gracia. Si bien es cierto que el pecado existe en el mundo, que se establece como poder y potestad y que se perpetúa en prácticas culturales, también es cierto que el pecado existe en la comunidad de fe. La presencia del pecado no sólo es radical (nada ni nadie puede liberarnos totalmente del pecado mientras existamos), sino que también es universal; es decir, se encuentra en todas las esferas humanas. El pecado lo llevamos en nuestro ser, por tanto, separarnos del mundo no tiene como resultado automático la separación del pecado.

También hemos de reconocer que las fuerzas del bien se encuentran tanto dentro de la iglesia como en el mundo. Hay que recordar que Jesús ejerce su dominio tanto sobre la historia como sobre el espíritu, y que nos redime como entes naturales e históricos al igual que como entes espirituales. Otro peligro o tentación de los separatistas es que, a pesar de sus intenciones y lo que dicen sobre nuestra dependencia en la gracia de Dios, exhiben una marcada tendencia a reducir al cristianismo a un sistema de leyes y normas morales que minimizan la gracia de Dios en nuestras vidas.

El Cristo de la cultura. Esta visión representa el otro extremo. Aquí se dice que la influencia del cristianismo sobre nuestra cultura ha sido tal que ya no sabemos dónde trazar la línea que separa la cultura de nuestra religiosidad.

Para estos grupos, Dios se encuentra, o se hace presente en el mundo y se manifiesta y se conoce a través de lo mejor de nuestras expresiones o creaciones culturales, a través de los mejores valores morales, intelectuales, artísticos y políticos de nuestra cultura. La comunidad de fe, por tanto, debe apoyar y promover lo mejor de nuestra cultura. La ética y moral cristiana, por ejemplo, no son sino la expresión más alta de los mejores valores culturales como la justicia, la igualdad, la comunidad, el amor y el cuidado mutuo que se da en nuestro mundo.

Esta alternativa le concede prioridad y mucho valor a nuestra capacidad racional, ve a nuestro mundo como esencialmente bueno y afirma que gracias al uso de nuestra razón tenemos la obligación de mejorarlo. Considera que la revelación en las Escrituras es válida, pero que esa validez hay que comprobarla racionalmente, porque para estos grupos lo que no puede explicarse por la razón no tiene validez. Se identifica lo mejor de nuestra razón y de nuestros valores con la revelación de Dios, así que aquello que racionalmente podamos comprobar como cierto y bueno, también será confirmado por la fe y la revelación. La revelación divina nunca negará lo que es racionalmente válido, más bien completará y le dará plenitud a nuestros logros morales que siempre encarnan los límites de nuestra finitud.

El protestantismo liberal, el movimiento del «Evangelio Social», la Iglesia Católica Romana de la Edad Media y la Iglesia Ortodoxa Rusa son ejemplos de esta alternativa. Todos estos movimientos tienden a identificar un movimiento social determinado, o un orden cultural particular, con los mejores ideales cristianos.

Entre los valores positivos de quienes identifican a Cristo con lo mejor de la cultura, está su capacidad para ampliar el círculo de aceptación del cristianismo. Esta visión cristiana es atractiva para quienes tienen poder y riqueza y, por tanto, extensos medios para propagar la fe. Esta también es una alternativa atractiva y significativa para los grupos intelectuales y educados de nuestra sociedad.

Sin embargo, son varios los problemas que esta postura enfrenta. En primer lugar, tiende a perder de vista y a diluir la identidad de la comunidad de fe. No critica lo que considera expresiones de los mejores valores culturales en nuestra sociedad, y esto la lleva a fomentar la complacencia y a no levantar su voz profética. Confía, y le da tanto valor a la facultad racional, que pierde de vista la pertinencia y sabiduría que se encuentra en la revelación divina. Comparar a Jesús con los mejores ejemplos morales de nuestra cultura, como Sócrates y Gandhi, hace perder de vista la identidad redentora de Jesús y minimiza y domestica el carácter radical de la crítica individual y social, que es parte integral de la cruz, aun ante los mejores valores de nuestra cultura. Dado que identifica al pecado y lo pecaminoso con nuestra dimensión natural y corporal, y con lo peor o las formas más bajas de expresión cultural, pierde de vista que el pecado se hace presente tanto en lo mejor como en lo peor de nuestra cultura.

La consecuencia de identificar al pecado con lo natural hace que la posición del Cristo de la cultura asuma que podemos domesticar al pecado por medio del cambio social y de la manipulación racional de nuestro contexto natural y social. Es así que tiende a enfatizar la importancia de las obras y minimizar la dependencia en la gracia de Dios. Finalmente, esta alternativa sostiene la posibilidad de la creación de sociedades perfectas y relaciones de amor y mutualidad que representen, o significativamente nos acerquen cada vez, más al reino de Dios dentro de nuestro contexto histórico.

La mayoría de los cristianos cuestionamos y rechazamos tanto la posibilidad de separar radicalmente, o de identificar totalmente, la gracia y las buenas obras, la fe y la razón, el pecado y la bondad. La mayoría nos resistimos a la noción de que Dios esté totalmente sumergido en nuestra historia y mucho más a identificarlo con una de las diversas expresiones culturales, así como de limitar a Dios a la iglesia o a los espacios religiosos que hemos creado. Los cristianos han rechazado estas alternativas extremas por la sencilla razón teológica de que Dios es el soberano de la creación, y que rige tanto el mundo religioso como el mundo cultural, sin que esto signifique que sea alguna expresión cultural o religiosa particular. La presencia de Dios no se puede limitar a una sola esfera solamente.

Es por esto que se han concebido alternativas a las dos propuestas anteriores sobre cómo expresar nuestra lealtad a la fe y a la cultura. Estas alternativas se conocen como **la síntesis entre Cristo y la cultura; la paradoja dualista entre Cristo y la cultura;** y la última alternativa es **el Cristo transformador de la cultura**.

Estas tres alternativas comparten la creencia de que hay que mantener y no tratar de resolver la inevitable tensión que existe entre nuestra lealtad a la fe y a nuestra cultura. Las tres perspectivas también comparten varias creencias teológicas: que Dios es el creador, gobernador, sustentador y redentor del mundo; que el pecado es radical y universal; que no somos salvos por la ley (religiosa ni humana), sino por la gracia de Dios que produce todas las buenas obras que somos capaces de realizar; y que la razón, aunque distorsionada por el pecado, no siempre está en oposición a la revelación. A pesar de estos elementos comunes, cada una de estas alternativas entiende de manera distinta cómo responder a la tensión entre la fe y la cultura.

La síntesis entre Cristo y la cultura. Esta es la tercera alternativa y comparte algo de la visión, pero es más balanceada que la del Cristo de la cultura. Trata de mantener un equilibrio entre la contribución de la fe y la gracia con la contribución de la razón y la cultura. Aunque afirma que Cristo tiene precedencia sobre los valores y modelos culturales morales, también afirma que la comunidad de fe tiene mucho que aprender de la sabiduría del mundo cultural. Concede que lo que la razón determina como cierto no será negado por la revelación; y que la revelación es una fuente de conocimiento que la razón no podría alcanzar por sus propios esfuerzos. Nuestro mundo histórico, social, cultural y natural es el contexto donde nos adiestramos y aprendemos a vivir en el reino de Dios.

Teólogos clásicos como Clemente de Alejandría y Tomás Aquino, son representantes de esta alternativa. Para ellos, las virtudes humanas solamente son un preámbulo hacia la comprensión y desarrollo de las virtudes teológicas que son reveladas por Dios. Ellos afirman que la razón y la fe armonizan entre sí porque ambas tienen su fundamento en Dios, creador del orden natural y dador de la razón humana. Precisamente porque Dios le ha dado un orden racional a toda su creación, a nivel histórico, y en base al sentido común y la experiencia personal y social, los seres humanos podemos discernir lo que moralmente debemos hacer. La revelación supera y completa lo que nos revela la razón. La gracia de Dios también supera y completa lo mejor de nuestra cultura. Aunque el pecado nos desorienta y distorsiona nuestros quehaceres, no invalida la verdad que la razón puede discernir. La ley divina completa lo mejor y consume o destruye las distorsiones que se pudieran encontrar en las leyes morales humanas.

El Dios creador y ordenador del universo nos llama a usar todas nuestras facultades y talentos para discernir sus propósitos para la creación y sus criaturas. Los propósitos de Dios están encarnados en la naturaleza de las cosas, y dado que el ser humano está creado a su imagen y semejanza, esto implica que puede mejorar todas las áreas del mundo que Dios le ha dado, tanto la personal como la social y la política. Esta visión sobre Dios, como creador y ordenador de toda la creación, también nos alienta a establecer diálogos y relaciones de solidaridad con los no cristianos que están comprometidos creando comunidades y estableciendo relaciones de ayuda mutua, de amor, y de justicia. Aquellos que no son miembros de la comunidad de fe y que no gozan de la sabiduría que provee la revelación divina, todavía pueden poseer un grado significativo de lo que es verdadero y bueno simplemente por su capacidad racional de discernir el orden natural. A pesar de esta última afirmación, tenemos que reconocer que esta posición le da a la gracia divina la prioridad en cuestiones de conocimiento y moral. Nuestra realización plena requiere algo más que el conocimiento racional y la obediencia a las leyes naturales. En última instancia, dependemos de la gracia de Dios tanto para discernir lo cierto y determinar lo bueno, como para realizarlo.

A pesar de los esfuerzos de esta alternativa para mantener un balance entre la razón y la fe, las obras y la gracia, la **síntesis entre Cristo y la cultura** tiende a identificar a Cristo con alguna de las dimensiones morales o políticas de la sociedad dominante. Esto la lleva a hacer absoluto lo relativo y a concederle un carácter sagrado. Tiende a identificar una cierta interpretación (cultural) de la ley de Dios con Dios mismo. También crea una ética con varios grados de perfección donde unos obedecen leyes más altas que otras. Finalmente, tiende a minimizar la presencia radical del mal en todas las esferas humanas.

La paradoja entre Cristo y la cultura. Aquí el cristiano se ve como un ciudadano de dos mundos, el mundo cultural y el mundo de la iglesia. La vida se vive entre dos esferas dominantes: entre lo secular y lo sagrado, lo temporal y lo eterno, el reino de este mundo y el reino de Dios. Al afirmar que ambos mundos o esferas fueron creadas por Dios, entonces ambas reclaman nuestra lealtad. Como ciudadanos del orden político, estamos llamados a obedecer y acatar las leyes del estado; como miembros de la ciudad de Dios tenemos que vivir en lealtad y a la luz de las enseñanzas de Cristo. El cristiano vive la tensión de ser responsable a autoridades que no están de acuerdo entre sí y cuyos fines son distintos.

La distinción que se puede hacer entre el mundo caído y el evangelio implica lo siguiente: 1) La revelación es válida en el mundo espiritual y la razón es válida en el mundo cultural. La Biblia nos guía en todo lo relacionado a nuestra salvación; mientras que la razón nos ayuda a organizar y proteger el orden social y político. 2) El pecado tiene un carácter universal y radical, domina tanto en el ámbito cultural como en el religioso. 3) Dada la naturaleza radical del pecado, nuestra primera responsabilidad no es promover el bien, sino contener al mal. 4) La iglesia contiene al mal en el ámbito espiritual por medio de la evangelización donde rigen los principios del amor y del perdón; y el estado contiene al mal en el ámbito social por medio del uso de instrumentos de coerción para asegurarse de que sus decretos se cumplan, porque ésta es la única manera en que el estado logra la justicia. El resultado de esto es que el ser humano vive bajo dos códigos morales, el de la ley y el del evangelio. Es importante vivir en estos dos mundos sin confundirlos.

Martín Lutero es el representante clásico de este modelo. Él nos hace conscientes de que tenemos que actuar responsablemente en un mundo caído; que no debemos alentar ni promover la ilusión de que podemos librarnos del pecado y sus consecuencias; y sin embargo, que tampoco podemos renunciar al mundo. Es en medio de este mundo pecaminoso donde debemos crear los espacios necesarios para extender la obra del evangelio de Cristo. Si lo más que se puede lograr es contener la expansión del mal, entonces la iglesia debe contribuir a ello por medio de su evangelización, dejando al estado político, que tiene la responsabilidad principal de contener la extensión del mal, que lo haga por medio de la coerción social.

Los **dualistas** entienden bien el carácter dinámico que existe entre la gracia y el pecado. Jesús es dador de leyes y salvador. La ley nos hace conscientes de nuestros pecados y faltas al igual que nos hace conscientes de nuestra inclinación al pecado; y si Cristo ha dado la ley, entonces todos somos condenados. Como salvador, Cristo nos libera de nuestra desmedida tendencia al amor propio, y nos libera de nuestras inclinaciones egoístas. La redención se nos da gratuitamente por un poder que está más allá de nosotros y de nuestras capacidades.

Este paradójico dualismo, como las alternativas anteriores, también sufre de varios problemas significativos. El principal defecto es su carácter conservador. No posee recursos que le permitan expresar una crítica profética en contra de las leyes sociales y culturales que rigen la vida política. Los dualistas enfatizan cambios dentro de las iglesias, pero tienden a no preocuparse por transformar la vida política y económica del la nación. Dado que las leyes sociales y políticas se interpretan como un freno contra la expansión del mal, como un medio de evitar la anarquía y el caos político, entonces no tiende a criticarlas. Desde esta óptica, no se espera que las leyes civiles sirvan como medio para mejorar la condición humana y hacer la vida mejor.

Cristo el transformador de la cultura. En esta perspectiva se afirman tanto la fe como el mundo cultural. La transformación del mundo cultural se entiende como parte integral de la vida de fe.

Hay que luchar y ser intencional para crear un mundo más afín con la voluntad de Dios. Una de las convicciones de la fe es que los valores cristianos son pertinentes a y en todas las dimensiones de la vida. Aquí se asume la postura profética que hace posible arriesgar el bien que experimentamos o tenemos en el presente, en pro de un bien potencial mejor.

Esta alternativa sostiene una actitud más optimista ante la cultura, una visión positiva de la creación, una perspectiva realista del pecado y una actitud favorable a la labor de Dios en la historia. Ve a Cristo más como redentor que como dador de la ley, y confía en Dios, más que en los recursos humanos, como el agente principal para promover el bien común.

El apóstol Juan, San Agustín y Juan Calvino son representantes de esta alternativa. Todos ellos reconocen lo radical que es el pecado humano, la bondad de Dios y el poder transformador, social y espiritual que tienen los evangelios. La meta es transformar el mundo a la luz del cristianismo. Puesto que ninguna dimensión de la cultura está fuera de la soberanía de Dios, entonces todas las dimensiones de la vida humana pueden ser influidas y transformadas a la luz de la voluntad de Dios.

A quien se encuentra en esta perspectiva se le ha llamado **transformador** o **conversionista,** y aunque son socialmente progresistas, reconocen que la transformación total de la historia no es humanamente posible. Los que son super-optimistas y utópicos, además de tender a ser ingenuos, también tienden a ser víctimas de la desilusión o desesperanza emocional que resulta de la frustración de ver que los sueños no se realicen. La postura transformadora tiende al realismo político y enfatiza la responsabilidad moral como parte indispensable para mejorar la condición humana. La transformación de la sociedad en un mundo mejor es responsabilidad humana y no se le debe dejar solamente a Dios. En parte, el pecado y la limitación humana explican nuestro fracaso para crear un mundo mejor, pero el mayor peligro es la apatía, la falta de organización, de disciplina y de compromiso con causas justas.

Para quienes se encuentran en esta corriente, la revelación de Dios no substituye, sino que transforma y reorienta nuestra razón. Aunque el pecado ha distorsionando la naturaleza y la cultura, la gracia redentora todavía puede transformar ambas realidades, a la vez que reorientar la voluntad humana en dirección hacia el bien.

El evangelio de la gracia transforma la ley al convertirla en medio de gracia y no en un instrumento de condena. La iglesia provee el espacio donde se desarrolla la conciencia de la soberanía de Dios, y debemos recordar que la soberanía de Dios no es limitada, que más bien rige a todo el mundo.

Las cinco alternativas sobre cómo ser leales a Cristo y a la cultura tienen elementos válidos que aun hoy día son pertinentes. Todas apuntan a un elemento esencial de la vida cristiana que es nuestra responsabilidad en el mundo. Cuando las vemos en conjunto, nos ayudan a entender por qué los cristianos difieren en la postura que asumirán ante el mundo, y basados en esto podemos llegar a compromisos prácticos que nos permitan solucionar los problemas urgentes que existen en nuestra comunidad.

Reflexiones sobre la vida económica

A la luz de nuestra tradición bíblica y teológica, los cristianos proclamamos que Dios es soberano en todas las dimensiones y áreas de nuestra vida. Nuestra responsabilidad hacia Dios no se limita, reduce, ni se agota dentro del ámbito de la iglesia o el de nuestra vida personal. Dios también nos llama a ser sus discípulos en la dimensión pública de la vida, en particular, en la esfera política y económica. La gracia de Dios se manifiesta tanto en nuestra justificación personal como en el ámbito de la justicia social. La tradición profética nos provee múltiples ejemplos de cómo la justicia de Dios se ha de encarnar en el ámbito económico y político. Sin embargo, no sólo la tradición profética, sino también en muchos de los relatos bíblicos a través de toda la Sagrada Escritura, se hace claro que la justicia económica y política es una expresión integral de nuestro discipulado. En nuestro momento histórico actual, los aspectos políticos y económicos están a la raíz de un gran número de los problemas morales, incluso en los problemas íntimos y personales.

Aunque el ámbito económico y el político están íntimamente relacionados, no debemos confundirlos. Cada uno de éstos nos presenta problemas particulares que tenemos que resolver a la luz de las dinámicas que le son propias. La esfera económica se preocupa principalmente por la producción, distribución y consumo de los recursos materiales básicos que son necesarios no sólo para sostener la vida, sino para proveernos de una buena vida. Entre los retos morales que esta esfera nos presenta, se encuentran: 1) La naturaleza y la regulación de la propiedad privada, en particular de la propiedad sobre los medios de producción; 2) La relación que existe entre la posesión y el uso, o acceso, a los recursos productivos de nuestra sociedad; 3) La relación que se da entre el sector privado y el sector público; 4) Las reglas de compra y venta; 5) La producción y distribución de la riqueza social, y el nivel y la naturaleza del sistema de impuestos; 6) La prioridad que se le debe dar a las necesidades y metas sociales, y los sacrificios que debemos asumir para lograr nuestras metas de producción; y 7) La participación de los ciudadanos en las decisiones económicas, políticas, y otras más, del país.

La esfera política se preocupa principalmente por la distribución y producción del poder social de los ciudadanos. En particular, se preocupa por: 1) La producción y distribución de la autoridad estatal y su capacidad para establecer leyes; 2) De las instituciones y los procedimientos que mantienen el orden social; 3) La forma en que los ciudadanos comunes pueden influir en las decisiones del estado; 4) El tipo de relación que debe existir entre las distintas ramas del gobierno; y 5) Los derechos legales de los ciudadanos.

No existe consenso en cuanto a si el poder político o el poder económico es el fundamental. Algunos alegan que es el poder económico porque, en última instancia, determina y controla el orden político y las leyes y procedimientos que definen a la sociedad. Otros, por el contrario, le dan prioridad al poder político. Desde este punto de vista, el acceso y control que el ámbito político tiene sobre los instrumentos sociales le da poder de coerción social y la capacidad para determinar cómo se organiza la esfera económica. Todas las decisiones económicas tienen un substrato político. La naturaleza del orden económico es, en sí, una cuestión que se decide políticamente. Este debate es importante en el sentido de que la manera en que interpretamos la relación e integración entre la esfera económica y política, va a afectar nuestro entendimiento y nuestras respuestas morales sobre la mejor manera de lograr los cambios que pueden mejorar significativamente nuestra vida social y personal.

Los cristianos hemos reconocido que tanto el poder económico como el poder político son ambiguos. Ambos poderes tienen una gran capacidad para el pecado al igual que una gran capacidad para mejorar la condición humana. Como todo poder, tienden a la idolatría, reclamando nuestra lealtad absoluta. Ambos quieren convertirse en el centro del significado de nuestra vida. En el ámbito político, el patriotismo no crítico es un ejemplo de esta tendencia idólatra; mientras que en el ámbito económico, la discriminación, explotación y dominación de una clase social por otra también son ejemplos de idolatría.

En la esfera económica, el privilegio e interés de las clases dominantes tiende a justificar la opresión del pobre en nombre de la libertad del mercado. Los beneficios que las clases dominantes obtienen injustamente del sistema económico imperante les impiden reconocer la injusticia que se comete contra aquellos que no participan de los beneficios del orden establecido. Esta ceguera social también los inclina a rechazar los cambios necesarios para mejorar el bienestar del marginado y del pobre.

El patriotismo y el partidismo incondicional nos inclinan a rechazar a otras naciones y movimientos políticos cuyos intereses y formas de vida son distintos a los nuestros. A estos «otros» se les define como enemigos, o como personas que amenazan nuestra sociedad y forma de vida. Este tipo de patriotismo o visión política partidista, nos lleva a aceptar el uso de la violencia y la guerra para reprimir a los «otros», y limitan el entendimiento sobre la paz y la justicia a lo que nos permite defender nuestro interés y consolida nuestro poder.

Dentro de la comunidad hispana muchos cristianos se han desligado de los problemas morales que se dan en el ámbito económico y político. Existen varias razones que explican esta falta de compromiso con las luchas que se dan en esas esferas. Una razón es la marginación social de nuestro pueblo. Ser marginado implica mucho más que sufrir por falta de recursos materiales. La marginación social es el origen, producto y medio que perpetúa la apatía social. Los marginados y pobres muchas veces dudan de sus capacidades y talentos; ven los problemas sociales, políticos, económicos y nacionales demasiado grandes y complicados; y esto hace que se sientan impotentes o insignificantes para resolverlos. Otra razón que fomenta la apatía y marginación política es que nuestras comunidades hispanas no ven la manera en que los problemas económicos y políticos, a nivel nacional, afectan nuestra vida diaria. Los marginados, por tanto, se someten y esperan a que los expertos se preocupen por y arreglen estos problemas. Con, o sin intención, contribuimos a que se nos convierta en meros consumidores y espectadores de las decisiones de otros.

Además, muchos hispanos ven las luchas de carácter político y económico como una negación de las virtudes y de la moralidad cristiana. En estas dos esferas, la honestidad y la sinceridad son escasas. Tanto en el ámbito económico como el político dominan la mentira, la manipulación y el abuso de poder. Esto contribuye a que muchos cristianos hispanos quieran mantener una separación casi absoluta entre la religión y la política y economía. Se cree que al hacer esto se puede trabajar en la propia perfección moral individual sin ser contaminados por los poderes y potestades del mundo. Esta tajante separación no sólo es imposible, sino que demuestra un significativo grado de desconfianza en el poder transformador de Dios. Dios no creó un mundo con tal separación, y la ausencia de la voz profética de nuestra fe en el ámbito económico y político, crea un vacío que llenarán voces carentes del sentido de justicia, igualdad y honestidad que es parte de nuestra fe.

Las iglesias evangélicas norteamericanas a las cuales muchos hispanos pertenecen, nacieron en medio de las luchas de las reformas eclesiales y sociales que se dieron al comienzo del siglo veinte (1900-2000). Inicialmente, parte de la vocación de éstas incluía reformar al mundo social, económico y político para que fuera más justo. En los años 1930-1950 muchas de estas iglesias abandonaron esta visión y compromiso por la justicia política y económica y se apartaron de la sociedad. Esta época de separación del mundo circundante fue en la que muchos hispanos se unieron al movimiento evangélico según se dio en varias denominaciones y la iglesia Pentecostal. Desde 1960 hasta hoy día, aunque de manera muy lenta, las iglesias evangélicas se han reincorporado a estas luchas. El distinguido líder de la iglesia evangélica en los Estados Unidos, Carl F. Henry, fue uno de los pioneros en reintegrar a los evangélicos a las luchas sociales. Temprano durante los años 1945-50, Henry hizo un llamado a todas las iglesias evangélicas para que reconsideraran su responsabilidad social, y dejó muy claro que el ser evangélico y luchar por la justicia son compatibles y parte integral de todo ministerio cristiano auténtico.

Hoy día los evangélicos, tanto hispanos como anglos, demuestran variedad de lealtades y opciones políticas. La mayoría se identifican con causas sociales y políticas de carácter conservador. Se oponen al aborto y buscan legislación social que ayude al mantenimiento de la familia nuclear; aunque tradicionalmente apoyaban la separación del estado y la iglesia, buscan que el estado apoye la misión de su iglesia; apoyan programas en contra de las drogas y la pornografía, y apoyan la defensa militar. Otros evangélicos enfatizan y concentran sus esfuerzos en las luchas a favor de la justicia económica y la democratización política; es decir, buscan eliminar la pobreza económica y crear más instituciones, locales y nacionales, que permitan a un mayor número de personas participar activamente en la toma de decisiones para determinar los sacrificios que queremos hacer para lograr las metas políticas y económicas que deseamos alcanzar.

La gran mayoría de las iglesias cristianas reconocen que el poder político y el económico influyen y determinan las posibilidades de vida de la mayoría de la humanidad. La comunidad de fe, en nombre de la justicia y el amor de Dios, reconoce que no puede quedarse al margen ni puede dejar de alzar su voz profética para denunciar todo aquello que empobrece u obstaculiza las posibilidades de una vida más humana.

Entre los problemas morales que actualmente enfrentamos, y con los cuales los cristianos de todas las denominaciones tienen que lidiar, se encuentran el desarrollo de las armas nucleares, el terrorismo global, la preocupación por el medio ambiente, los imigrantes y la preocupación con la pobreza a nivel nacional, tanto como con la explotación y opresión económica que sufren los países pobres.

Visión bíblica y teológica de la ética económica

Sin lugar a duda, en el mundo moderno los valores económicos se han convertido en los valores centrales de nuestra sociedad. Lo que es más significativo todavía, el dominio de la institución del libre mercado, tanto a nivel nacional como internacional, define el carácter de nuestras economías. Da vergüenza decirlo, pero dado el dominio que ejerce el libre mercado y los valores que promueve (el individualismo, el egoísmo como motivación para la producción, la ganancia máxima como el fin principal de las relaciones económicas, el consumismo, la gratificación instantánea de todos nuestros deseos y la satisfacción de nuestras necesidades biológicas básicas), podemos decir que a quienes no tienen la capacidad de consumir no se les ve como valiosas ni como personas cuyas necesidades debemos tomar en cuenta. El libre mercado, que domina en la mayoría de los ámbitos de nuestra vida, viola el compromiso con la creación de comunidades de cuidado mutuo, responsabilidad por los que carecen, y el sentido de sacrificio y disciplina personal que son parte integral de la fe.

La ética cristiana cuestiona algunos de los valores fundamentales de las economías regidas por el libre mercado. Asume que Dios es el fundamento y guía de la acción humana en el ámbito económico, por lo que rechaza o califica de manera negativa la autonomía individualista que regula al libre mercado. La ética cristiana también asume que todos nuestros recursos y talentos son provistos por Dios y que entonces deben ser usados para propósitos que afirman los propósitos divinos. Desde la perspectiva cristiana no tiene fundamento reclamar derechos por los beneficios que son producto del desarrollo y aplicación de nuestros talentos innatos y adquiridos. Los seres humanos no podemos reclamar que somos dueños absolutos de lo que hemos producido, sólo somos dueños condicionales. Dios es el dueño absoluto, nosotros, sus criaturas, somos agentes llamados a usar todos los recursos para el bienestar de todas las criaturas de Dios. Las necesidades que otros tienen les da derecho a participar de nuestros recursos. En la visión cristiana, el acceso y uso de los recursos tiene prioridad sobre la apropiación privada de los recursos sociales de producción.

La Biblia no nos presenta un sistema económico normativo para todos los creyentes, ni nos revela cuál es el mejor sistema económico. Sin embargo, la Biblia tiene mucho que decir sobre esta dimensión. En el Antiguo Testamento, a la riqueza no se le ve como algo neutral, o como un mero medio de intercambio. Más bien, la posesión material y la riqueza se identifica como algo ambiguo que puede servir a buenos propósitos, pero también como algo que puede amenazar nuestra relación con Dios. Nuestra obsesiva preocupación con la riqueza fácilmente lleva a la falsa seguridad de que somos autosuficientes y, por lo tanto, a la idolatría.

Si bien es cierto que no somos dueños absolutos de nuestros talentos y de los beneficios que pudiéramos sacar de ellos, las Escrituras dejan claro que existen formas legítimas de propiedad. La prohibición del robo, como uno de los mandamientos centrales, afirma la visión bíblica de que la fe no requiere el ascetismo y la prohibición del disfrute de cosas materiales. Poseemos cosas y otros tienen que respetar nuestras posesiones, porque ellas son un vehículo a través del cual expresamos nuestra personalidad en el mundo, porque nos proveen un ancla en el mundo, y nos ayudan para lograr el desarrollo de nuestro ser. Lo que las Escrituras igualmente dejan claro es que necesitamos tener para existir y ser, pero que no podemos ser o existir principalmente para tener y poseer.

La justicia económica fue una de las preocupaciones centrales de los profetas de Israel. Los profetas se dieron cuenta de que la prosperidad no se debía considerar como una bendición, ni la pobreza como un castigo de Dios; que ambas eran producto de la manera en que la sociedad estaba organizada y de las prácticas que la sociedad legitimaba. Una sociedad injusta hacía que algunos fueran ricos y otros pobres sin importar su moralidad. Los profetas también emitieron juicios morales sobre las opciones y acciones económicas que se tomaban. Acusaron a los ricos de prácticas comerciales deshonestas, de explotar al pobre para crear y perpetuar su pobreza. También criticaron y acusaron a los ricos y poderosos de consumo personal desmedido que hacían en medio de la pobreza de sus compatriotas. Con esto nos podemos dar cuenta de que la opción preferencial por el pobre es un tema central de la visión profética sobre la justicia.

La interpretación de Jesús sobre la riqueza, y el uso del dinero, es consistente con la tradición profética (Lc. 16:13; 6:24; 12:15; 1 Ti. 6:9-10, 17). Somos responsables ante Dios por el uso que hacemos de nuestros recursos materiales. La riqueza facilita actitudes idólatras (el dinero se convierte en otro dios: Mamón, en el lenguaje del Nuevo Testamento). La riqueza también fomenta un sentimiento de falsa seguridad, al igual que de apatía espiritual. La preocupación por la riqueza demuestra que no confiamos en la providencia de Dios, y nos impulsa a buscar seguridad más allá de lo que necesitamos para vivir decentemente. Jesús confiesa que sólo Dios es dueño de todo, nuestro derecho a la propiedad es, por tanto, relativo y no absoluto. El derecho a la propiedad está condicionado al servicio de las necesidades humanas, y el derecho a usar los medios para sostener y promover la vida tiene precedencia sobre el derecho a la posesión.

La actitud bíblica y la de Jesús hacia el dinero y la riqueza, aunque crítica, no es negativa. A pesar de todas sus advertencias y amonestaciones, Jesús nunca condena la riqueza como tal y nunca rechaza a los ricos de manera absoluta. Cuando el dinero y la riqueza se usan para servir a las necesidades humanas del prójimo, en particular las de los pobres, esto nos demuestra que son parte integral de la bendición de Dios. Este es el espíritu que define el año del Jubileo (Lv. 25). El Jubileo fue un mecanismo usado para controlar las diferencias económicas, crear maneras de desanimar la acumulación exagerada de la riqueza y permitir que no sólo todos tuvieran oportunidades, sino que concretamente pudieran mejorar su condición de vida. La creación de comunidades de ayuda mutua, con la inclinación moral para compartir sus recursos de manera equitativa, eso sí era parte integral del propósito de Dios.

Actitudes económicas de la iglesia

Un examen minucioso de la historia de la iglesia nos revela que a ningún sistema económico se le puede llamar, en el sentido estricto de la palabra, un sistema cristiano. Las iglesias cristianas han apoyado políticas económicas radicales y políticas económicas conservadoras; y también han contribuido a la creación de diferentes sistemas económicos y han sobrevivido dentro de las distintas estructuras económicas que históricamente han existido.

Durante los primeros tres siglos de su existencia, fue natural que la iglesia concentrara su reflexión económica en cómo contribuir a su mantenimiento y crecimiento. La vida interna de la iglesia incluyó el desarrollo espiritual de los primeros creyentes, ayudar a los hermanos y hermanas más pobres, estimular a los creyentes a dar limosnas y a evitar la usura. En pocas palabras, la disciplina cristiana consistió en compartir los recursos que se poseía con los otros miembros de la comunidad. La asistencia económica no sólo se daba al nivel local sino entre las iglesias de diferentes regiones.

Después del siglo cuarto, la iglesia comienza de manera más intencional y consistente a justificar la propiedad privada. El patriarca Clemente de Alejandría defendió la riqueza como buena antes los ojos de Dios y dedicó muchos esfuerzos a evangelizar a los ricos, a los poderosos y a los intelectuales. En la Edad Media, el teólogo Tomás de Aquino también justificó la propiedad privada como la forma más eficiente de aumentar y promover el progreso económico. Sin embargo, este teólogo, cuyo pensamiento todavía ejerce gran influencia en la Iglesia Católica Romana, insistió en que la propiedad privada tenía que contribuir al bien común. Para Aquino, la visión cristiana de una economía justa incluía la práctica generosa de la caridad hacia el pobre, establecer un precio justo para la compra y venta de toda mercancía y la prohibición de cobrar intereses por el dinero que se prestaba; una economía justa también prohibía y castigaba el robo y la falta de honestidad en toda transacción comercial.

También los reformadores protestantes contribuyeron al desarrollo del pensamiento económico cristiano. Lutero, siguiendo a San Agustín y Tomás de Aquino, justificó la propiedad privada como una forma de alentar a los trabajadores a producir más y para el desarrollo económico. Creó un fondo de benevolencia para los pobres y permitió el cobro de intereses que no sobrepasaran el seis por ciento. Calvino aconsejó a sus feligreses a cultivar las destrezas comerciales y la disciplina del trabajo como una manera de fomentar la productividad y el crecimiento económico; también aconsejó la frugalidad en el consumo, el ahorro y la disciplina fiscal, tanto personal como estatal, como el medio de obtener recursos, para ayudar a otros, y para fomentar el crecimiento económico. Ambos consejos fueron muy apropiados para la gente en los centros urbanos que comenzaban a convertirse en los ejes de la economía mercantilista y capitalista industrial.

Tanto Calvino como Lutero desarrollaron la doctrina de la vocación de todos los creyentes. Es decir, no sólo los religiosos servían a Dios. Por el contrario, toda persona, en cualquier ámbito de la vida, debía ejercer su servicio o función social como la vocación a la que Dios lo había llamado. Es por esto que se debían cultivar las virtudes de la honestidad, la frugalidad, la prudencia y el ser diligentes y disciplinados. Esta era la manera en que Dios los llamaba a ser discípulos y a contribuir para mejorar el mundo en que vivían. Ambos reformadores le devolvieron la dignidad a todo tipo de trabajo humano que contribuía al bienestar común. Para ambos, la vagancia no sólo implicaba irresponsabilidad social, sino que también era una expresión del pecado humano contra Dios y su prójimo. Lutero, sin embargo, creía que los hijos debían ser aprendices de sus padres y seguir la misma vocación y el estilo de vida de ellos. Calvino, por otro lado, creía que cada persona debía tener la libertad de escoger su vocación. Esta libertad para escoger el trabajo al que uno dedicaría su energía vital, y la movilidad social y económica que esta libertad implicaba, proveyó un incentivo para que los trabajadores fueran más productivos y felices.

La época moderna

La modernidad es una época de transformaciones sociales radicales en todos los ámbitos de la vida humana. En el ámbito económico, esta época marcó el comienzo y la consolidación del capitalismo y el libre mercado como la nueva estructura económica. Aquí florecieron las ciencias naturales y la tecnología, o la aplicación práctica de las ciencias, que llevaron a la mecanización y el desarrollo industrial. Se inventan el teléfono, la luz eléctrica, el ferrocarril, inventos que iniciaron un gran progreso para la calidad de la vida humana. Muchos dicen que las reformas protestantes, con su énfasis en el individualismo, la ética de trabajo, el deseo de producir y su frugalidad, contribuyeron a desarrollar las «virtudes» que armonizaban con la vida capitalista.

Aunque ésta es una época de gran creatividad, diversidad y productividad económica, queda claro que los costos y los beneficios del nuevo orden económico no se distribuyeron equitativamente en la sociedad. En el proceso de cambio, del feudalismo al capitalismo, muchas personas perdieron sus tierras y tuvieron que aceptar trabajo bajo condiciones muy poco saludables en las áreas industriales. La nueva clase de obreros industriales, junto con las mujeres y los niños que también fueron brutalmente explotados, pagaron los costos humanos de este proceso de cambio sin participar de los beneficios del progreso económico. Estos grupos de «esclavos industriales» laboraban por largas horas con salarios que a duras penas les permitían sobrevivir, además de que no tenían beneficios médicos, ni seguridad de trabajo. La condición de miseria, dominación y explotación de los trabajadores fue lo que motivó la formación de los movimientos obreros y del socialismo, en sus muy diferentes formas, como una alternativa económica y social. Este es el contexto donde nace la tradición cristiana del movimiento del «Evangelio Social». Esta fue la manera en que muchos cristianos expresaron su deseo, e hicieron un compromiso práctico con la lucha para mejorar la condición de los trabajadores y crear una sociedad más justa. El ministerio del Evangelio Social se concentró en el esfuerzo por resolver los problemas económicos y sociales que generó el desarrollo del capitalismo industrial y del libre mercado.

Los cristianos nunca hemos evaluado la moralidad, las virtudes y las limitaciones del capitalismo y el libre mercado de la misma manera. Quienes critican negativamente a este sistema productivo, alegan que la ganancia económica toma precedencia y genera apatía e indiferencia hacia las necesidades humanas básicas de los otros. Dentro de este sistema, dicen sus críticos, quienes no tienen recursos y, por tanto, la capacidad de consumir, no reciben la misma atención que quienes sí tienen dinero. Estas críticas nos hacen conscientes de que las dinámicas del mercado generan gran desigualdad económica y social entre los dueños del capital y los trabajadores. El desempleo y otras catástrofes sociales, la falta de cuidado médico, la desigualdad en la educación y en la protección legal, son comunes entre estos últimos. Así vemos que esta desigualdad se expresa en la falta de unidad y solidaridad entre las clases sociales.

La desigualdad económica extrema también distorsiona las posibilidades de sostener instituciones democráticas en el ámbito político. El poder económico se une o confabula con el poder político y lleva a que los políticos tomen decisiones no en base a favorecer o atender las necesidades del pueblo o el bien común, sino en base a lo que consolida y asegura su ventaja económica. Otra crítica contra el capitalismo es que la búsqueda de la ganancia y nuestra inclinación de definir el éxito en términos del dinero, fomentan el egoísmo y una perspectiva materialista de la vida que le arrebata su dignidad a las personas. Se pierde la capacidad para reflexionar sobre cómo lo que hacemos para nuestro propio bien afecta los intereses legítimos de otros.

Los creyentes que son defensores del capitalismo alegan que es un sistema que ha demostrado gran capacidad productiva. La productividad que genera beneficia, aunque de manera desigual, a todos los miembros de la sociedad. Incluso los pobres, dentro del capitalismo, gozan de un nivel de vida más alto que en cualquier otro sistema económico. Esto explica, según ellos, por qué los pobres de nuestra sociedad no emigran y por qué los pobres que viven en sistemas económicos que violan las leyes del mercado tienden a venir a nuestra sociedad. El sistema capitalista es moralmente aceptable porque promueve las virtudes de la creatividad, el riesgo, la productividad y la ética del trabajo. Si bien es cierto que el sistema fomenta el individualismo y el egoísmo, también refuerza las virtudes de responsabilidad social. Es importante que cada persona productiva considere lo que otros quieren y desean, ya que ésta es la única manera para obtener beneficios y éxito. Si lo que uno produce no responde a lo que otros desean o quieren, no se venderá. El capitalismo es individualista, pero su individualismo es aceptable porque fomenta la libertad de todos los individuos. Cada individuo queda libre para escoger dónde quiere desarrollarse y trabajar. Cada individuo también es libre para escoger su vocación y escoger a qué grupos quiere pertenecer. Los defensores del capitalismo apuntan que puede que no sea mera coincidencia que el capitalismo y la democracia se hayan desarrollado al mismo tiempo.

Son muy pocos los cristianos hoy día que apoyan el capitalismo y el libre mercado en sus expresiones más puras. La mayoría de los cristianos muestran una preferencia por sistemas económicos mixtos, es decir, donde la propiedad e iniciativa privada, las dinámicas del mercado y las necesidades sociales (necesidades que el mercado no tiene ningún incentivo de atender) sean reguladas por el poder gubernamental. Aunque algunos cristianos optan por un mayor control estatal, mientras que otros optan por menos intervención del gobierno y por una mayor libertad en el mercado, la mayoría entiende que es necesario limitar al mercado para obtener mayor seguridad y estabilidad social, y para que el mercado responda a las necesidades de los marginados y de quienes han sido víctimas de los accidentes y las dinámicas sociales.

Quienes abogan por una mayor intervención del estado y del gobierno que lo representa, reconocen que la ayuda que el estado provee, aunque es necesaria, trae sus propios problemas. Hay formas de ayuda e intervención gubernamental que crean dependencia, destruyen la creatividad y autonomía, y socavan la dignidad humana. Esta ayuda gubernamental, a pesar de sus buenas intenciones, puede intervenir de manera desfavorable con la productividad, el desarrollo comercial y eliminando el incentivo a los empresarios para invertir sus recursos de manera productiva. Muchas veces la intervención estatal favorece a una industria particular sobre otra, pero no siempre favorece a la más productiva y más eficiente. La intervención del estado, por tanto, puede llevar al desperdicio de recursos y energía productiva. Y debemos tener en mente que hay formas de ineficiencia económica que, directa o indirectamente, intervienen con la satisfacción de necesidades humanas, personales y sociales genuinas.

La iglesia tiene el rol social de servir al mundo. Su misión y visión profética tienen que elevar la conciencia social de la comunidad. Parte de su misión es participar en los debates públicos donde se discuten las prioridades económicas de la sociedad, instruyendo y recordándoles a todas las instituciones sociales del imperativo de darles prioridad a las necesidades humanas sobre la ganancia, y recordándoles que la eficiencia económica debe darse en el marco del servicio a esas necesidades, y en particular a las necesidades de los pobres. El derecho a la propiedad privada de los medios de producción tiene que acompañarse con un compromiso en favor del empleo de todos los miembros de nuestra sociedad. Es imperativo que quienes no sean dueños tengan acceso a los medios de producción y sean miembros activos en los procesos por los que se determina la producción y reproducción social de la vida. Si hemos de permitir la ganancia como un incentivo para la producción, también tenemos que buscar la manera que todos tengan un salario que les permita vivir bien. La comunidad cristiana tiene que transmitir a la sociedad los valores de la productividad, la compasión, del compartir con otros, del compromiso con la igualdad social y la justicia para todos. O, parafraseando la visión económica de quien Dios usó para fundar el movimiento metodista, Juan Wesley, necesitamos crear organizaciones económicas y virtudes económicas que nos alienten a ganar todo lo que podamos, a ahorrar todo lo que podamos y a dar todo lo que podamos.

El problema del hambre

Sin lugar a dudas, la pobreza es una de las causas principales del hambre. El hambre y la mala nutrición son los problemas morales más urgentes que hoy día afrontamos tanto a nivel mundial como en nuestra propia sociedad. El hambre y la mala nutrición constituyen una de las causas principales de la muerte prematura de un gran sector de la humanidad. Ambas afectan negativamente el desarrollo de nuestras facultades mentales y físicas y tenemos que decir que los niños y los ancianos son las principales víctimas de esta desgracia social.

Todos los factores dejan claro que el hambre no es causada por la escasez de alimentos. Como mencionamos, una de las ventajas del presente sistema económico es su capacidad productiva, y los Estados Unidos de América produce la mayor cantidad de alimentos del mundo. Cada año hacen falta menos personas que se dediquen a la producción de los alimentos que son necesarios para sostener la vida de todos los habitantes de nuestro planeta. Particularmente, si usamos los granos para alimentar a las personas que los necesitan en vez de usarlos para alimentar animales y producir carne. Ya existe el nivel de proteína necesario para alimentar a toda la humanidad.

Varios son los factores que llevan a la mala nutrición e injusta distribución de los alimentos. En primer lugar, está la pobreza. Muchas personas simplemente no pueden comprar los alimentos a precio del mercado; otro factor importante es el desperdicio de alimentos y la falta de programas de distribución de comida a nivel local y nacional; las sequías, las inundaciones, la deforestación y la explotación o sobreproducción de la tierra, que lleva al empobrecimiento de la fertilidad del suelo, también contribuyen a la escasez de alimentos en varias regiones del mundo; las guerras civiles locales y las guerras regionales; la sobrepoblación y la deuda externa que obliga a los países pobres a producir comida para exportar y recaudar dólares para pagar su deuda en vez de darle prioridad a la alimentación de los pobres de su país, todos son factores que contribuyen a que muchas personas carezcan de alimentos. Sin embargo, es importante recalcar que la causa principal del hambre es la pobreza en sus múltiples manifestaciones. La misma se debe a los sistemas económicos injustos que permiten que los poderosos: 1) exploten al pobre; 2) monopolicen los terrenos más fértiles y tengan control absoluto sobre qué y cuánto y para quién producen; 3) le den prioridad a la compra de armamento militar y otros tipos de tecnologías avanzadas antes de responder a las necesidades de los pobres.

En este contexto, el peligro fundamental para la iglesia es que el problema del hambre y la pobreza sea de tal magnitud y complejidad técnica que la comunidad de fe tienda a desanimarse y darse por vencida muy rápidamente y a confiar vanamente en que los expertos se ocuparán de resolver el problema. El peligro es que la comunidad de fe caiga en el pecado de mantener una actitud de apatía e indiferencia. La fe nos tiene que motivar a reconocer que no podemos y, por tanto, moralmente no estamos obligados a solucionar el problema del hambre en su totalidad; pero la fe debe nutrir nuestro realismo y hacernos ver que nuestra obligación es más bien contribuir a la solución del problema del hambre al nivel en que podamos hacerla.

Respuestas morales cristianas

La actitud y compromiso moral cristiano comienza con nuestra intención de cultivar las virtudes de la generosidad, la vida sencilla, y la conformidad con la posesión y el uso de aquellos recursos que necesitamos para lograr la realización de nuestros talentos. El mundo tiene suficientes alimentos y recursos humanos y técnicos para satisfacer las necesidades alimenticias de todos, pero no para satisfacer la avaricia y los antojos de todos. Debemos reconocer que no existimos para tener cosas, pero que sí debemos tener para existir en plenitud humana.

Seguir los pasos de Jesús es optar por una vida sencilla, generosa con nuestros recursos, y dirigida a crear y mantener lazos de interdependencia y ayuda mutua. Así fue la vida de Jesús. Jesús tomó barcas prestadas tanto para predicar como para alejarse momentáneamente de las multitudes; entró a Jerusalén en un burro (asno) prestado, y lo enterraron en una tumba prestada. Jesús nunca ordenó que hiciéramos votos de pobreza, pero sí nos exhortó a renunciar a la avaricia y la envidia, a renunciar al materialismo y los lujos, y a preocuparnos por las necesidades económicas de los pobres. Pablo también nos exhorta a la bondad o generosidad responsable (1 Ti. 6:17-18), nos alerta sobre los peligros del materialismo y las riquezas, y nos llama a la solidaridad con el pobre.

La visión cristiana de la vida sencilla no es una vida de escasez, más bien, es una vida disciplinada que resiste y se opone al desperdicio y a la extravagancia. El fin de la vida sencilla no es exclusivamente la disciplina personal, más bien, el verdadero fin de la disciplina personal es compartir y ser solidario con el necesitado. La vida sencilla, por tanto, no es un fin en sí misma, sino que tiene el propósito de crear una vida de comunidades inclusivas y de ayuda mutua.

Un factor central a la vida sencilla es luchar con los pobres para motivarnos mutuamente a cambiar nuestra percepción de lo «inevitable» de la pobreza. Solamente cuando nos convencemos de que la pobreza no es inevitable, es entonces que podemos tomar los primeros pasos para liberar a los niños de los estragos del hambre y la pobreza. Esto es lo que nos anima a concebir, promover y reformar programas contra el hambre y la pobreza y a luchar para mantener programas de beneficencia que sean constructivos. Cuando vemos que los cambios sociales son posibles, nos motivamos a participar políticamente en la creación de programas que buscan mejorar el sistema de impuestos y que sirvan a las necesidades de los pobres. A pesar de que nuestros esfuerzos no sean la solución al problema del hambre, todavía tenemos la obligación moral de crear y apoyar el establecimiento de bancos de comida y maneras más creativas de distribuir alimentos en nuestros templos y en la sociedad a quienes los necesitan. Esto ayudará a crear conciencia y desarrollar prácticas de valores cristianos. Además, tendremos la motivación para buscar maneras de hacer mejor uso de los alimentos que de otra manera se desperdiciarían.

Reflexiones sobre la vida política

La política se puede definir de diferentes maneras. Una definición cercana a la visión cristiana es que la política consiste en el arte de vivir en comunidad. La política tiene que ver con nuestras responsabilidades y contribución al buen vivir en la sociedad a la que pertenecemos. Otra definición de la política, algo más estrecha y menos afín con la interpretación cristiana, enfatiza la dimensión de legislar y obedecer las leyes que decreta el estado. El estado es el poder que mantiene la ley y el orden por medio de la coerción y el uso de instrumentos violentos. Más y más, en la actualidad, la comunidad de creyentes entiende que tiene la obligación de influir en el estado político para que éste acate los principios morales y religiosos que afirman el bienestar humano y el de la creación.

Los hispanos siempre hemos sido activos en el ámbito político y, al presente, dado nuestro acelerado crecimiento que nos ha convertido en la minoría más numerosa de los Estados Unidos, todo parece indicar que nuestra participación política será más organizada y agresiva. Sin embargo, la ética política continúa siendo un tema controversial para los hispanos que somos protestantes. La mayoría de los hispanos protestantes tendemos a no mezclar la actividad política secular y la práctica religiosa. En particular, no nos gusta practicar la política secular dentro de la iglesia. Esto se debe a que la política la practicamos dentro del ámbito público y, a pesar de su naturaleza moralmente sospechosa, entendemos que la política tiene su razón de ser; también porque creemos que la religión se debe practicar dentro de su propia esfera y que la mezcla tiende a corromper a la religión tanto como a la política.

La tradición cristiana tiene una larga y diversa historia de reflexión sobre la responsabilidad moral del cristiano en el ámbito político. Por ejemplo, en cuanto a la autoridad del estado, los cristianos hemos sostenido posiciones distintas para distintas circunstancias sociales. Ahí está el apóstol Pablo, quien argumenta que el estado político es ordenado por Dios y, por lo tanto, es bueno y necesario para vivir en comunidad. Es así como Pablo nos alienta a acatar las ordenanzas del estado, pero siempre y cuando no nos obligue a la idolatría. El apóstol Juan, por el contrario, identifica al estado con el anti-Cristo, le pide a la comunidad de fe que resista la autoridad política, y que no obedezca ni siga sus leyes.

La mayoría de los cristianos hemos aceptado la visión paulina de que la autoridad política ha sido ordenada por Dios para el bien de la humanidad. En la actualidad, muchos cristianos optan por obedecer los decretos del estado como la forma para mantener el orden social y maximizar la libertad. Sin embargo, todos los cristianos hemos entendido que la obediencia al estado político es condicional y que nuestra relación con éste tiene que ser crítica. Cuando el estado político demuestra responsabilidad hacia sus ciudadanos, sus ordenanzas se deben obedecer. En las ocasiones donde nuestra fidelidad hacia Dios entra en conflicto con las ordenanzas del estado, es entonces que debemos resistir sus ordenanzas. Si las ordenanzas del estado, por ejemplo, violan innecesariamente los derechos humanos, esto puede justificar la desobediencia civil. Los cristianos reconocemos y afirmamos la importancia de la institución política, pero evaluamos todas las administraciones particulares en base a su obediencia a los decretos humanos y divinos que fomentan el bienestar humano.

Enseñanzas bíblicas sobre la política

La reflexión de las primeras comunidades de fe sobre la política y el estado se dan bajo la influencia de las experiencias de Israel y Judea. Para los hebreos, el rey tenía autoridad política casi absoluta, si bien es cierto que no tenía que responder a las demandas de sus ciudadanos, sí reconocía que su poder siempre estaba limitado por la soberanía de Dios. El ideal teocrático dejaba claro que sólo Dios era soberano. Muchos son los pasajes bíblicos que relatan cómo Dios juzga y castiga a Israel precisamente porque trata de sobrepasar sus límites, no rendir cuentas y no acatar la voluntad y propósito de Dios. Parte de la visión del Antiguo Testamento es afirmar que no existe una forma de gobierno que sea *la* forma de gobierno para Israel. Es Israel quien tiene que decidir qué tipo de gobierno es el que mejor responde a las necesidades del pueblo y a los decretos de Dios.

Sin lugar a dudas, la política de su tiempo impactó significativamente la vida de Jesús. Fue un decreto político el que determinó el lugar de nacimiento de Jesús; Jesús nace en Belén, no porque a María y a José les hubiera gustado esa población, sino porque el estado —que quería establecer un sistema de impuestos y para ello necesitaba hacer un censo— decretó y obligó a que todas las personas fueran al pueblo donde habían nacido. Jesús vivió bajo la ocupación romana, que determinó mucho la manera y el tipo de personas con las que se relacionaba, y que finalmente lo llevó a ser crucificado por los temores de los poderes políticos y religiosos de Israel y de Roma.

Jesús conoció y tuvo relación con miembros del movimiento Zelota, sin embargo, parece que no fue principalmente político: no formó un movimiento político, no organizó protestas políticas y tampoco buscó influir intencionalmente en las políticas romanas. En Jesús no encontramos explícita una filosofía política particular. Sin embargo, no cabe duda de que su ministerio, sus actitudes y prácticas encarnan principios que son pertinentes a las relaciones políticas. Su ministerio tiene una dimensión política, en el sentido amplio de la palabra, que aborda la acumulación, organización y distribución del poder a la luz de los diseños de Dios.

Es por esto que, en su ministerio, Jesús enfrentó al gobierno de manera crítica, desafió a las instituciones religiosas y cuestionó la arrogancia del nacionalismo exagerado. Jesús afirma la autoridad del estado, su legítima función de mantener el orden social y la paz, de cobrar impuestos y de establecer un sistema monetario (Mt. 17:24-27; 22:15-22). Esto, de alguna manera, nos da a entender que nuestra lealtad y responsabilidad hacia Dios no nos excusa de reconocer la validez de las autoridades políticas. El respeto y la obediencia a la autoridad política, sin embargo, se tiene que enmarcar dentro del mensaje del reino de Dios. De allí que todos los cristianos entendemos que estamos llamados a buscar ese nuevo orden político —esa alternativa al *statu quo*— que nos prepara para ser ciudadanos, que nos acerca más, o que es más afín a nuestra visión del reino de Dios.

El apóstol Pablo se siente muy orgulloso de su ciudadanía romana y, como mencionamos anteriormente, tiene una actitud optimista ante el estado político. En Romanos 13:1-4, Pablo define la autoridad política como ordenada por Dios para preservar el orden, evitar el peligro de la anarquía que conlleva al abuso del poder y empobrecimiento de la vida, y para establecer y mantener el orden social. El estado político tiene la obligación de proteger a quienes obedecen la ley y de reprimir a quienes la violan; Pablo, por tanto, nos alienta a honrar y obedecer a las personas que están en posición de autoridad política. Una manera en que se muestra la lealtad y apoyo al estado político, según Pablo, es que debemos pagar nuestros impuestos. Sin embargo, tenemos que recordar que el llamado que Pablo nos hace para obedecer a la autoridad política, al igual que el llamado de Pedro a la sumisión a la autoridad política (1 P. 2:13-17), siempre se da en el contexto donde el cristiano debe obedecer primero a Dios por sobre toda autoridad humana. El «origen divino» del estado no implica que los cristianos estemos llamados a una obediencia acrítica a cualquier forma de gobierno. El cristiano está llamado a oponerse, como Cristo lo hizo, al estado político que pretende ser absolutamente soberano y todopoderoso. Tal estado tiende a la idolatría, y la consecuencia de este pecado es la dominación y explotación del ser humano por el ser humano.

Los cristianos hemos tenido una posición ambigua en cuanto a nuestra relación con el estado. Esta ambigüedad se basa en que somos conscientes de que el estado político siempre tiene tendencias hacia la opresión, hacia el despotismo político y, en casos extremos, hacia el totalitarismo. Las actitudes de abuso del poder del estado, en cualquiera de sus formas, es más atemorizante que el peligro de la anarquía. Esta sospecha y crítica hacia el estado tiene sus primeras raíces en la experiencia de la ejecución de Jesús, de Pablo, de muchos otros líderes de la iglesia y de la persecución de la comunidad de fe. Todos estos eventos han dado a los cristianos razones para sospechar de la autoridad política. Recordemos que, contrario a Pablo, el apóstol Juan define al estado político como un servidor de Satán (Ap. 13). La sospecha y reserva de la comunidad de fe han provisto justificación para que la comunidad de fe practique —basada en su sentido de lealtad a la justicia y propósito de Dios— la política de la desobediencia civil.

La iglesia y el estado en la historia cristiana

Ante los reclamos despóticos e idólatras del estado, y su persecución contra los primeros cristianos, la iglesia primitiva se desligó de la política y vio el ámbito político con temor, sospecha y desconfianza. En el siglo 4 d.C., la iglesia cristiana se transformó de un mero movimiento sectario, que subsistía al margen de la sociedad, en la religión y la iglesia del imperio de aquel entonces. El edicto de Milán (año 313 d.C.) no sólo le dio reconocimiento, sino nuevas libertades y beneficios a los cristianos y, lo que es más significativo, creó una nueva relación entre el estado y la iglesia, una relación de unidad y apoyo mutuo entre la religión, la cultura y el estado político. De ahí en adelante, de manera continua, los cristianos nos hemos preguntado cómo debemos ejercer nuestra lealtad a la cultura y el estado de manera que sigamos siendo fieles a Dios y a nuestra fe.

En los últimos dos mil años, de diferentes maneras, la iglesia ha planteado su relación con el estado político y la cultura dominante. En la Edad Media (que dura alrededor de mil años), la iglesia, la cultura y el estado se relacionaron de manera tan íntima y a tal grado de que no fue posible distinguir la una de la otra. Sin embargo, esta unidad o síntesis entre la iglesia, la política y la cultura no fue totalmente armónica. La relación entre el estado y la iglesia fue tensa, cada parte buscando dominar a la otra y, por tanto, con varios grados de conflicto en el que algunas veces el estado dominaba y otras veces lo hacía la iglesia. A pesar de ello, la mayoría de los cristianos apoyó esta visión de unidad entre el estado y la iglesia porque creían que ésa fue la única manera de asegurar que toda la sociedad se volviera cristiana. Así que la mayoría de los cristianos tenía una visión optimista del estado.

Con todo esto, siempre hubo grupos cristianos que se opusieron a la unidad entre el estado y la iglesia. Lutero, los anabaptistas y menonitas, siempre tuvieron una visión más negativa del estado.

Lutero estableció que el estado, en el mejor de los casos, era un mal necesario cuya función simplemente era mantener el orden social y evitar la propagación del mal y del pecado. Para mantener el orden, Lutero estuvo dispuesto a tolerar prácticas despóticas por parte del estado, ya que el peligro de la anarquía social sería más dañino y peligroso que la amenaza de la tiranía. Por otro lado, los calvinistas, aunque demostraron más confianza en el estado y su capacidad para promover el bien, también se rehusaron a identificar lo religioso y lo político. Los calvinistas coincidieron con los luteranos en darle cierto valor al estado, pero buscaron limitar su función. Para ellos, y por esto se les conoce como los reformadores del magisterio, el estado tenía la función de defender y proteger a la iglesia, y apoyar y promover la visión espiritual de la iglesia. La iglesia, por su parte, contribuía con el estado proveyéndole servicios sociales y ayudando a mantener registros esenciales como las actas de nacimiento, matrimonio y defunciones. Algo más que la iglesia le brindaba al estado es que le servía como conciencia moral y espiritual.

Los anabaptistas, menonitas y otros grupos sectarios fueron más excluyentes. Su condena y rechazo del mundo político, cultural y natural fue casi absoluta y, por tanto, minimizaban su relación con estas instituciones. Estos grupos sostenían que la cultura y las instituciones seculares eran esencialmente perversas y que estaban más allá de la posibilidad redentora de Dios. Para ellos, el estado y la iglesia tenían funciones diferentes y debían mantenerse como poderes o entidades diferentes. El estado tenía autoridad y se debía obedecer, excepto cuando sus dictados violaban la conciencia del creyente. Al enfatizar que la vida religiosa se basaba en la decisión personal y aceptación voluntaria de la fe, se opusieron de manera fervorosa a que el estado tratara de forzar o implementar creencias religiosas. Dicho sea de paso, también se opusieron a que la iglesia impusiera su religiosidad con la ayuda del estado. Así que la opción religiosa debía ser una decisión tomada por adultos y de manera libre.

Implicaciones para los ciudadanos cristianos

Es posible afirmar que, dentro del ámbito o esfera política, el estado es la autoridad más alta, pero para nosotros los cristianos éste siempre está bajo la soberanía de los propósitos de Dios. Las funciones principales del estado son mantener la ley y el orden, velar y proveer para el bien común según éste se defina por la comunidad sobre la cual el estado tiene jurisdicción, y contribuir a la creación de grupos e instituciones que nutren la vida y la hacen buena para todos los ciudadanos que viven bajo su territorio. La creencia cristiana de que toda persona ha sido creada a imagen y semejanza de Dios da fundamento a la visión cristiana sobre la igualdad, la libertad, la comunidad y la responsabilidad como elementos centrales a la naturaleza humana. Estos principios indefectiblemente afectan la manera en que se debe organizar el orden político.

A pesar de que los cristianos entendemos que el estado está al servicio del bien común, y de que existe bajo la soberanía de Dios, también reconocemos que el estado es una institución temporal y limitada. El estado y su gobierno pertenecen y forman parte del mundo caído. Es por esto que el poder político se puede convertir en una amenaza y en la negación de justicia, igualdad y libertad que es intrínseca a su vocación. Para asegurarse que el estado cumpla con su función, entonces, el cristiano está llamado a ser un ciudadano responsable, que debe estar pendiente de la manera en que se manejan los asuntos en el ámbito político, y que no debe justificar su falta de responsabilidad en esa esfera en nombre de la ciudadanía en el reino de Dios. Tenemos que recordar que Dios es Señor soberano sobre toda nuestra vida. Abandonar el ámbito político es igual que invitar a que otros poderes y «potestades» definan o le den contenido espiritual a esa importante esfera para la formación de nuestra humanidad. Caer en esta tentación es rendirse al pecado.

Dios dice que somos como la sal y la luz del mundo. Estamos llamados a combatir las tinieblas de la corrupción y a esparcir la luz por el mundo a través de la transformación de la sociedad y la creación de comunidades de ayuda mutua. Puesto que no existe ninguna forma de gobierno que propiamente se pueda llamar cristiana, los creyentes podemos y debemos apoyar todas las expresiones políticas que fomenten el amor, la paz y la justicia. El cristiano tiene que contribuir a estos valores, al mismo tiempo que resistir a todo gobierno que los niegue.

Los cristianos tenemos que ser activos en organizar nuestras actividades políticas basándonos en principios religiosos. Tenemos que aprender cómo trabaja el gobierno para ser efectivos al tomar decisiones políticas. Nuestra actividad política debe incluir la participación en campañas electorales; votar por y apoyar a candidatos que manifiesten su sentido de compromiso con nuestra comunidad y que velen por el bienestar de los pobres; crear o participar en grupos de resistencia y en organizaciones comunitarias que fomenten el bienestar de nuestro pueblo; preparar líderes que puedan servir en el gobierno y que genuinamente representen los intereses de nuestro pueblo pobre. No podemos ser realmente fieles al Dios, que es soberano sobre toda la creación, si rehusamos influir en y transformar el orden político para que vaya hacia la justicia, la paz y el amor que es lo que conduce a crear comunidades de apoyo mutuo.

Problemas en la ética política

Es importante reconocer lo difícil que es lograr consenso en muchas de las cuestiones políticas. Los cristianos tenemos distintas interpretaciones de lo que es permitido y de lo que es obligatorio en términos de nuestra responsabilidad pública.

Por ejemplo, los cristianos no estamos de acuerdo si se debe o no permitir la pena de muerte. Quienes creen que el estado tiene el derecho de ejercer la pena de muerte contra sus ciudadanos, no están de acuerdo sobre cuándo o cuáles son los casos que califican para ello. Los que están en contra de la pena de muerte argumentan que toda vida pertenece a Dios y que no está dentro de nuestra potestad tomar lo que sólo le pertenece a Dios. Este grupo nos recuerda que cuando Caín mata a su hermano Abel, Dios protege a Caín y prohíbe que lo maten. Muchos cristianos que se oponen a la pena capital apuntan a los textos de Mateo 5:38-48 y Juan 8:1-11, para justificar su postura contra la pena de muerte. Por otro lado, quienes aceptan esta radical forma de castigo citan a Génesis 9:6, y dicen que nuestra obligación para crear comunidades de apoyo mutuo a veces necesita que ejecutemos a quienes atentan de manera significativa contra esa vida de comunidad. La Biblia parece contener ambas realidades, porque parece ser que tanto apoya la prohibición como la práctica regulada de la pena de muerte.

Los cristianos sabemos que, debido al pecado humano, el crimen es una realidad presente, pero tampoco somos ingenuos sobre la necesidad de tener códigos legales cuya violación implique castigar a los transgresores. Sin embargo, en la visión cristiana, el castigo no es un fin en sí mismo. Si el castigo es necesario para mantener el orden social, y la justicia demanda trato imparcial, también tenemos que practicar la compasión hacia quienes violan la ley. El castigo debe tener la intención de la rehabilitación y la reintegración de la persona en la sociedad.

Una pregunta central sobre el castigo, en particular sobre la pena de muerte, es determinar la igualdad en la distribución de la justicia. En nuestro contexto social es cierto que todo el mundo tiene derecho a la representación legal, pero la representación legal es meramente formal. Los pobres, la mayoría de nuestra comunidad, no tienen acceso a representación legal competente. Mientras el dinero tenga tanta influencia sobre el sistema legal, los pobres recibirían representación legal significativamente inferior, lo cual viola la intención de la igualdad de representación. La justicia no será igual mientras haya pobres, mientras el racismo y la discriminación étnica existan en nuestra sociedad.

Esta misma ambigüedad se da en términos de la guerra. Desde el punto de vista de nuestra experiencia histórica, la guerra parece ser perenne y la paz temporal. El conflicto entre la naciones, las guerras civiles, los conflictos bélicos regionales y entre grupos étnicos de una misma nación, justifica que muchos vean a la guerra como la norma humana y a la paz como la excepción. En las Escrituras Dios se define, entre otras cosas, como un Dios guerrero. Dios encomienda a las naciones comenzar guerras como instrumento de castigo para quienes violan sus decretos. La guerra también es usada por Dios como una de las formas para castigar el pecado de Israel. Basándose en textos como éstos, algunos cristianos afirman que la guerra es un mal necesario, que es una forma de castigar y evitar la victoria total del pecado humano en el ámbito histórico.

Los cristianos reconocen que la guerra y la violencia no armonizan bien con las enseñanzas del Nuevo Testamento, porque éste define a Dios principalmente en términos de paz y amor. Jesús mismo, la encarnación de Dios, se define como el Príncipe de Paz. Para los cristianos, la violencia es contraria o rotundamente la negación del amor ágape. La iglesia primitiva rechazó participar en el ejército porque los soldados tenían que rendirle culto al emperador, lo cual era visto como un acto de idolatría; pero la razón de mayor peso para justificar su ausencia era que, para la iglesia, el amar era incompatible con el matar. Los primeros cristianos, y hoy día los pacifistas, afirman que matar es una violación de la ética y del ejemplo del Príncipe de Paz. No participar en estas instituciones belicosas era, y es, una cuestión que tenía que ver con su identidad religiosa y auténtico discipulado. El ejemplo del Príncipe de Paz nos enseña que se puede dar la vida por una buena causa, la causa del reino de Dios, pero que no existe ninguna causa, no importa qué tan justa sea, para matar o privar a otros de su vida. Jesús enfatiza el perdón, el amor al enemigo y la resistencia no violenta, como los senderos más propios para establecer y mantener la paz.

La paz de Cristo implica y demanda mucho más que la ausencia de violencia y conflicto. Para que exista auténtica paz hay que establecer relaciones de armonía y justicia en todas las esferas de la vida. La paz nace de la justicia y la justicia nace de la paz. La visión bíblica sobre la paz se expresa en la palabra *shalom*, o aquel estado de bienestar que lleva a una vida espiritual y material plena. La prosperidad material, la salud, el sentido de propósito que da significado a nuestra vida a nivel histórico y trascendente, son parte del shalom bíblico. La paz bíblica no es una paz negativa que enfatiza la falta de conflicto, sino más bien el logro positivo para crear un nuevo sentido de solidaridad, ayuda mutua y armonía entre los seres humanos y entre éstos y Dios.

Para la iglesia primitiva y para los pacifistas de hoy día, el camino de la justicia no se logra por medio de la violencia, la matanza y la destrucción. Jesús demuestra su enojo y falta de tolerancia en el templo cuando critica a los cambistas y a los líderes religiosos; sin embargo, incluso esa experiencia no implicó pérdida de vidas, ni destrucción de propiedad. Es por esto que la iglesia primitiva, como muchos cristianos hoy día, no apoyaron o no participaron en el servicio militar. Porque, al final de cuentas, la guerra es la negación del discipulado, ya que el producto inevitable de la guerra es la perpetuación de la ambición, la avaricia y el desmesurado auto-interés que en primera instancia produce la guerra. La guerra sólo produce destrucción de vidas humanas, de propiedades y de valores espirituales y morales.

Después del siglo cuarto, la mayoría de los cristianos cambiaron su actitud sobre la guerra y aceptaron participar en el ejército y en la guerra. El emperador Constantino convirtió la cruz en otro símbolo militar. La iglesia no solo bendijo y alentó que los cristianos se incorporaran al ejército, sino también prohibió que los no cristianos participaran en las fuerzas armadas. San Agustín y Lutero, al igual que la mayoría de los reformadores, aceptaron y acataron los postulados de la teoría de la guerra justa.

Es importante enfatizar que estos postulados no buscaban justificar la guerra y las acciones bélicas. Para los cristianos, la guerra es un mal, ya que implica matar y destruir. Todos aceptamos que la norma moral es la paz, ya que Dios nos llama a vivir en paz los unos con los otros; todos los cristianos reconocemos y afirmamos la paz como uno de los valores principales que hacen la buena vida posible. Desde nuestro punto de vista, el mundo se mueve inevitablemente hacia un Reino de Paz establecido por Dios. Con muy pocas excepciones, los cristianos no aceptan la guerra como buena en sí misma. En el mejor de los casos, la guerra es un mal necesario, producto del pecado humano y de la rotura de las relaciones humanas; y, como todo acto violento, es contrario a todo lo que es bueno. Acciones de este calibre tienen que justificarse. En las Escrituras no se condena a los discípulos que servían en la policía y el ejército (Hch. 10) y además se usan metáforas militares para describir el estado espiritual y sicológico de los creyentes, lo cual implica que en el Nuevo Testamento no existe una actitud absolutamente negativa contra lo militar.

El fin o propósito principal de la teoría de la guerra justa es evitar que los políticos y líderes nacionales provoquen o comiencen actos bélicos arbitrariamente y, en aquellas circunstancias donde ya existe la guerra, su propósito es que concluya lo antes posible. Su meta es mantener y restablecer la paz. La teoría de la guerra justa contiene los siguientes postulados:

1. La guerra es de carácter defensivo más que ofensivo;
2. La causa justa es la defensa de los inocentes y la protección de la integridad nacional;
3. La guerra sólo puede ser declarada por una autoridad reconocida políticamente;
4. La intención y propósito de la guerra es restablecer una paz justa;
5. La guerra se limita a los miembros del ejército; no se deben castigar a los civiles ni deben ser objeto de ataque;
6. Los medios que se usan en el conflicto deben ser proporcionales a la solución del conflicto.

Históricamente, las posturas cristianas ante la guerra han incluido las siguientes alternativas:

1. La alternativa pacifista que, como vimos, rehúsa usar la violencia para resolver los conflictos sociales. Lo que se espera del cristiano es promover la paz y ser discípulo fiel del Príncipe de Paz, lo cual excluye la participación en la guerra. Los cristianos de la iglesia primitiva, y en la actualidad de muchos grupos sectarios como los menonitas, cuáqueros, anabaptistas y testigos de Jehová, acatan la visión de que nada justifica tomar la vida humana. Para ellos, la opción contra la violencia aplica tanto en el nivel personal como el social. El uso y apoyo de la violencia es un acto de infidelidad que lo descalifica a uno como cristiano. Desde la perspectiva de la no resistencia, si los cristianos tienen que participar en la guerra, tienen que hacerlo como no combatientes.

2. La alternativa de la teoría de la guerra justa. Ellos comparten con los pacifistas la visión que la paz es un valor fundamental y normativo para los cristianos y toda la humanidad. Sin embargo, argumentan que, en un mundo pecaminoso donde unos abusan de otros, es posible justificar el uso de la violencia para defender a los inocentes, o para la defensa personal. Pero el objetivo del uso de la violencia debe ser la paz. La violencia sólo se justifica en casos extremos donde no queda otra alternativa, y se debe limitar y restringir lo más posible. Desde esta perspectiva, la norma de la paz es aplicable mucho más en el nivel personal, pero la norma de la paz es peligrosamente irresponsable cuando se usa en la dimensión pública o política de nuestra vida.

3. Una alternativa adoptada durante la Edad Media, particularmente en las cruzadas en su lucha contra los moros y que en algunos casos todavía se menciona, es la teoría de la Guerra Santa. Esta alternativa dice que cuando alguien viola los decretos de Dios, entonces es posible castigarlo con todo el poder a nuestra disposición y sin restricción. Desde este punto de vista, la guerra es una de las maneras para lograr los propósitos de Dios en la historia humana. Como lo podemos imaginar, esta visión sobre la guerra no tuvo gran aceptación por los abusos y peligros que implicaba, ya que en el nombre de Dios se podía justificar la crueldad y el abuso.

4. La alternativa de los pacifistas nucleares. Mientras que la mayoría de los cristianos han podido justificar las guerras como un mal necesario, y bajo los límites de los criterios de la guerra justa

que mencionamos anteriormente, no hay forma de justificar una guerra nuclear, ya que viola todos los criterios y límites que son humanamente razonables. Es por esto que, con pocas excepciones, todos los cristianos somos pacifistas cuando se trata de guerra nuclear. Nadie debe tener el derecho ni el poder de destruir la creación de Dios.

Relación entre la iglesia y el estado

¿Debemos orar en las escuelas públicas? ¿Debe el estado exhibir símbolos religiosos en instituciones públicas? ¿Debe el estado apoyar actividades religiosas o dar vales educativos para que los padres puedan matricular a sus niños en escuelas privadas religiosas y continuar dándole exención de impuestos a las iglesias y los líderes religiosos? Estas son algunas de las ambigüedades morales que se dan en la relación entre el estado y la iglesia.

La libertad religiosa

La lucha por la libertad de conciencia y la libertad religiosa siempre ha sido parte integral del cristianismo. Se puede asegurar que cuando los cristianos han tenido el poder político, muchas veces han olvidado su vocación para mantener y proteger estas libertades. Es por esto que hay voces proféticas dentro de nuestra comunidad de fe que nos recuerdan el compromiso cristiano con la libertad, y sospechan que el apoyo del estado a la religión ha sido más dañino para la credibilidad de la fe que la persecución religiosa.

La mayoría de los cristianos apoyamos la separación entre la iglesia y el estado porque reconocemos que la institución de la iglesia y del estado son distintas. Ambas instituciones son dominantes y ambas son ordenadas por Dios. Cada cual tiene un rol particular que cumplir en la sociedad y ninguna debe controlar a la otra. La iglesia es la respuesta de Dios ante el peligro del caos social, y es la conciencia religiosa y moral de la sociedad. El principio de separación entre la iglesia y el estado no implica enemistad entre estas dos instituciones.

El fin es que la iglesia no controle pero que tampoco dependa del estado, y que el estado no controle ni dependa de la iglesia. Cada institución debe mantener cierta autonomía e independencia en un contexto de respeto mutuo que les permita cumplir su función primordial. La separación permite la relación crítica al mismo tiempo que también ambas instituciones deben tratar de mantener una actitud de apertura y de mutua influencia. No debe haber separación total entre la comunidad religiosa y la política, ya que la función moral de la iglesia debe influir sobre el estado político.

El estado debe proveer un contexto de libertad para que la iglesia cumpla su función, pero sin intervenir en la manera en que la iglesia organiza su vida interna. El estado debe garantizar la libertad de conciencia, la libertad de culto y de asociación. Cada persona tiene la libertad de vivir a la luz de sus creencias religiosas sin que el estado intervenga en sus opciones religiosas. Por supuesto, el estado puede regular ciertas prácticas religiosas que atenten contra la seguridad de otros y su derecho a la misma libertad religiosa. Sin embargo, la intervención del estado siempre se tiene que justificar. La libertad religiosa implica la protección del estado al igual que la oportunidad para vivir a la luz de nuestra conciencia.

La religión civil

Los Estados Unidos de América, a diferencia de los países europeos, siempre ha mantenido una estrecha relación entre la dimensión política y la dimensión cultural. Tal vez por la influencia que tuvieron los puritanos en la formación de la conciencia nacional en este país, es una nación donde el secularismo no ha dominado totalmente. Los norteamericanos, ya sea que practiquen una religión o no, entienden el discurso y los símbolos religiosos. Esto ha llevado a la creación de lo que se conoce como la religión civil. La religión civil consiste en el uso, o la manipulación de símbolos, conceptos y sentimientos religiosos del pueblo por el estado político. En otras palabras, el estado usa la religiosidad popular para lograr sus propósitos y fines particulares. La religión civil mezcla los símbolos y sentimientos religiosos y los sentimientos y símbolos patrióticos, creando un estrecho vínculo entre las prácticas culturales y las religiosas, a tal grado que muchas veces no se pueden distinguir. En los Estados Unidos, la religión civil se expresa y usa símbolos cristianos, al mismo tiempo que no se identifica con ninguna denominación particular. Para muchos ciudadanos esta es su única religión.

El peligro con la religión civil es que confunde la lealtad a Dios con la lealtad a los Estados Unidos y su gobierno. Los propósitos de Estados Unidos se confunden o se identifican totalmente con los propósitos de Dios. Así, entonces, los enemigos de Estados Unidos son identificados como enemigos de Dios. Se asume que aquello que es bueno para América es también fiel a Dios. En base a la visión de que los Estados Unidos es la nación escogida de Dios, y que ha de cumplir una misión especial, se justificó la teoría del *Destino Manifiesto* que justificó la conquista de y la intervención en otros pueblos. La religión civil facilita la manipulación de Dios para fines nacionales y asume la bendición de Dios para la agenda política de la nación. Dios justifica, en vez de juzgar, lo que hace la nación. Si desde un cierto punto de vista teológico se puede decir que Estados Unidos es una nación bajo la soberanía de Dios, eso no implica ningún tipo de privilegio. Lo único que puede implicar es que la nación tiene más responsabilidad hacia los pobres y los necesitados. Dios es el juez de todas las naciones. Las naciones que reclaman vivir bajo la soberanía de Dios son las que tienen la obligación de hacer justicia al necesitado y son responsables de que todos tengan lo que necesitan para vivir bien. Vivir bajo la soberanía de Dios implica el sentido de pertenencia y de justicia, y es haber desarrollado el arte de vivir bien en comunidad. Nuestro deber es buscar el shalom de la ciudad (Jer. 29:7).

En estos momentos los grupos políticos más conservadores se han convertido en la vanguardia de la religión civil. Para muchos de ellos, el ser cristiano significa ser políticamente conservador y apoyar al sector más conservador del Partido Republicano. Es un error serio identificar el reino de Dios con los Estados Unidos de América, al igual que es un error creer que los grupos políticos conservadores tienen intereses religiosos puros. Lo que sí es necesario es que los cristianos continúen participando en la vida política y que al mismo tiempo mantengan su identidad como cristianos.

NOTAS

[1] Las dos obras clásicas que mejor articulan esta problemática son H. Richard Niebuhr, *Christ and Culture* (New York: Harper & Row, 1975) y Ernst Troletsch, *The Social Teachings of the Christian Church Vol I-II* (Chicago: University of Chicago Press, 1976).

Conclusión

El propósito de la ética es definir en qué consiste la buena vida. La perspectiva cristiana define la buena vida como una vida llena del Espíritu de Dios que es la fuente y norma de lo moralmente bueno, es decir, vivir una vida de imitación de Cristo. Imitar a Cristo no consiste en la mera mímica, o el hacer las cosas que Cristo hizo, ni en tratar de adivinar qué haría Jesús hoy y en mis circunstancias, porque el amor y la libertad de Dios no permiten que uno pueda predecir lo que Dios y Cristo, el Dios hecho hombre, harían. No podemos encerrar al Espíritu de Dios, ni la vida de Cristo, en reglas de conducta. La imitación de Cristo consiste en vivir en una búsqueda constante para discernir lo que Dios nos llama a hacer en un determinado momento histórico donde se nos requiere vivir en fidelidad a Dios, y en practicar el amor al prójimo.

Estudiar la ética cristiana es importante, en gran medida porque la vida cristiana no se puede reducir a meras creencias y a la confesión de fe. La vida cristiana y la ética cristiana son teoría viva, teoría que encarna creencias y convicciones que informan y determinan la postura práctica y concreta que los cristianos asumimos dentro de la creación de Dios y nuestro mundo social. El cristiano no sólo está llamado a ser diligente en su estudio teológico y bíblico, sino también a ser ejemplo dentro de todos los ámbitos de la vida, tanto en la dimensión personal e íntima, en la social y familiar, y como ser político y guardián de la creación.

La ética cristiana es el esfuerzo que la comunidad de fe hace para discernir cómo hemos de ser esa nueva creación, o pueblo nuevo, que Cristo nos ha llamado a ser dentro de todos los ámbitos de nuestra existencia. Nuestra postura ética concreta es ejemplo del testimonio más genuino de nuestra fe en Dios. El significado y propósito de la ética cristiana se encuentra en el intento de vivir la fe genuinamente de la manera en que el Espíritu de Dios nos inspira y sostiene. El Espíritu es quien nos permite vivir una vida llena de significado y propósito, una vida que vale la pena vivir.

Glosario

Absolutismo moral: Es el reclamo o afirmación de que las normas morales son independientes de la costumbre social, que son inherentes a las leyes del universo, la naturaleza humana y que son universalmente válidas y se tienen que obedecer incondicionalmente y sin excepciones.

Ágape: Es la forma o manifestación del amor que se enfoca y busca el bienestar de otros sin preocuparse por el interés propio. Es la forma del amor que nos llama a servir al otro incondicionalmente sin importar sus cualidades personales o lo que haga. La Biblia revela que Dios nos ama incondicionalmente y que nada nos separa del amor de Dios. Ser discípulos implica desarrollar la inclinación de amar incondicionalmente, de amar con ágape.

Ascetismo: Es la práctica y/o estilo de vida que está marcado por la auto-negación y la contemplación. Normalmente el ascetismo implica una visión negativa del placer y del mundo material o físico.

Autoridad: Es el poder o el derecho de dar y forzar la obediencia a las órdenes que uno da, y de tomar decisiones que otros deben seguir. Para los cristianos, Jesús el Cristo es la autoridad suprema. La iglesia, el estado, nuestros padres —y en algunas ocasiones nuestros líderes religiosos y amigos— ejercen autoridad sobre nuestros pensamientos y acciones.

Bien mayor: En los sistemas morales jerárquicos se establece una norma que se define como superior a todas las demás y que nos permite resolver los conflictos entre dos normas absolutas.

Capitalismo: Forma de organizar la economía donde predomina la propiedad privada de los medios de producción y donde los precios de las mercancías se determinan por la dinámica entre la oferta y la demanda que se da en un mercado competitivo y libre. El sistema de propiedad y las dinámicas del mercado son los que determinan la producción y distribución de los bienes sociales.

Carácter: Es la orientación moral básica que le da unidad e integridad a nuestro ser por medio de la formación de hábitos, convicciones fundamentales, y de una visión e interpretación moral del mundo.

Conciencia: Es la suma total de las convicciones, creencias morales y religiosas que nos han sido legadas por nuestra tradición religiosa, social y cultural. La conciencia funciona más como un juez, a la luz de las normas que prevalecen en nuestro ámbito moral y religioso, que como legislador de nuevas normas.

Consecuencialismo y/o teleología: Es la aseveración de que lo bueno y lo malo se determina a la luz de las consecuencias que se busca obtener, o por las consecuencias de nuestras acciones.

Deontología: Es la aseveración de que lo moralmente bueno, o lo moralmente malo, se define en base a características internas o inherentes a las acciones mismas y no en base a las consecuencias que generan nuestras acciones. Esta alternativa ética enfatiza el lenguaje del deber y de los derechos y valora la obediencia.

Desobediencia civil: Consiste en una forma de protesta y/o resistencia que se opone a las leyes y prácticas políticas injustas, y que expresa su protesta con una forma pública de oposición no violenta y aceptando el castigo de la ley.

Epicureísmo: Escuela que se basa en las enseñanzas del filósofo Epicuro. Su doctrina filosófica enfatiza que el propósito de la vida es evitar el dolor físico y la angustia mental.

Estereotipo: Una visión que enfatiza las características y comportamiento inherente a ciertos grupos y personas, pero que niegan la individualidad y diferencias que existen entre personas que pertenecen al mismo grupo.

Estoicismo: Escuela filosófica que enfatizaba que el cosmos, y toda persona, manifiestan la racionalidad de Dios, el creador del mundo. Los estoicos enfatizaban la auto-disciplina, la igualdad y vivir a la luz de la naturaleza.

Ética: El estudio racional y sistemático de la conducta moral humana donde se enfatiza la dimensión normativa, o lo que debe ser, y cómo los seres humanos deben actuar.

Ética cristiana: Es el estudio de la práctica moral de los cristianos que busca definir cuáles son los principios que han de regir las acciones, metas y formas de ser que corresponden a la naturaleza y los propósitos de Dios, de acuerdo a como éstos se nos revelan en la persona de Jesús el Cristo y por el Espíritu Santo.

Ética descriptiva: Es la que provee la descripción de la moralidad de un grupo o de una sociedad particular. En su intento por exclusivamente describir la moral que se practica, no busca evaluar y mucho menos transformar las prácticas y convicciones existentes.

Ética filosófica: Consiste en el estudio de la conducta moral según la determina la razón humana.

Ética normativa: Esta perspectiva dicta las normas que conllevan al buen vivir.

Ética profesional: El estudio de criterios de competencia y de responsabilidad que se le atribuyen al desempeño de los profesionales en su vocación.

Ética relacional: Ética contemporánea que enfatiza la dimensión personal de las relaciones humanas. Esta visión ética considera que la moral consiste en nuestra capacidad de discernir qué es lo que está pasando y cuál es la respuesta más propia en términos de cómo afecta a todas las personas involucradas en la relación.

Etiqueta: Convenciones de conducta personal y social y de buenos modales que hacen las relaciones humanas, y la vida en general, más placentera y agradable.

Filosofía: En su significado literal quiere decir «amor a la sabiduría». Implica el estudio de los principios que proveen fundamento a la acción, conocimiento y pensamiento humano, y de la naturaleza del universo.

Hedonismo: Teoría teleológica que afirma que cualquier acto que traiga, produzca o conduzca al placer es moralmente bueno, y todo acto que produzca dolor es moralmente malo.

Homosexualidad: Inclinación erótica sexual hacia personas del mismo sexo. La atracción sexual puede —pero no tiene que— resultar en actos sexuales. El término se usa tanto para la actividad o conducta sexual entre personas del mismo sexo como para la inclinación que manifiestan las personas.

La Ilustración: Es una etapa en el desarrollo del pensamiento europeo (1600–1800) en que se enfatiza la racionalidad, la autonomía y la capacidad humana para conocer y usar las leyes naturales que ayuden a transformar tanto su medio ambiente natural como su contexto social.

Legalismo: Consiste en un sistema ético/moral donde la conducta humana se rige por medio de leyes estrictas que regulan todo de manera absoluta.

Ley natural: Estas son leyes que los seres racionales pueden captar porque manifiestan la razón de Dios que es inmanente al orden de la creación. Estas leyes definen los propósitos y fines de todos los elementos de la humanidad y la creación.

Libertad religiosa: Es la que tenemos para aceptar o rechazar creencias religiosas sin que el gobierno intervenga en esa decisión.

Mal menor: En situaciones donde todas las opciones morales implican que uno tiene que realizar una acción moral mala, uno tiene la obligación de optar por el acto del que resulte el mal menor.

Modernismo/modernidad: Producto de la Ilustración occidental que enfatiza la supremacía y la objetividad de la razón humana, la fe y confianza en la ciencia, la tecnología y el progreso humano.

Moral: Son las costumbres y hábitos humanos que definen la conducta ética práctica o cotidiana de una comunidad. Enfatiza los valores que ya rigen o informan la conducta humana, más que los valores que deben regir la conducta humana.

Normas: Son las reglas, mandamientos y guías que se convierten en leyes para el buen vivir. Estas leyes se definen por una persona o movimiento que tiene autoridad.

Pacifismo: El significado literal es hacer la paz. Como opción política, implica que no se participa en guerras y que se renuncia a la violencia como medio para resolver conflictos sociales.

Prejuicio: Juzgar de manera anticipada, o antes de que uno conozca y tenga todos los datos relevantes al caso. Normalmente el prejuicio fomenta actitudes y prácticas irracionales.

Prima facie: Esta frase se usa para justificar la excepción moral. La experiencia nos dicta que a veces tenemos que escoger entre dos principios morales que son igualmente válidos. En este sentido, los principios morales no son absolutos, y hay buenas razones para justificar no seguir un cierto principio moral que en todas las otras circunstancias estamos obligados a obedecer.

Principios morales: Son valores y guías morales más generales, abstractos y fundamentales que las reglas morales.

Racismo: La creencia infundada de que ciertos grupos o razas son inherentemente inferiores y que otros son inherentemente superiores.

Raza: Un concepto ambiguo que intenta definir y clasificar, a la luz de características y criterios físicos, a las personas. El número infinito de diferencias genéticas y culturales que se dan entre los seres humanos ha llevado a que muchos rechacen esta manera de clasificación.

Relativismo ético: Es el clamor de que no existen normal morales absolutas. Esta visión se basa en el hecho de que distintas culturas demuestran gran variedad en las normas morales que regulan su vida.

Religión civil: Es el uso que hace el estado político de sentimientos, conceptos y símbolos religiosos que son significativos para el pueblo con el fin de justificar sus opciones y metas políticas.

Separación entre el estado y la iglesia: Organización política que reconoce que el estado y la iglesia tienen integridad, autoridad propia y fines diferentes, por lo que deben mantenerse separados. También reconoce que tanto el estado como la iglesia necesitan gozar de cierta autonomía y, por tanto, que ninguna debe intentar controlar o hacer del otro algo totalmente dependiente.

Sexismo: La dominación y explotación económica, social y política de los miembros de un sexo por los miembros del otro.

Torá: Literalmente es **enseñar**. Se refiere a la ley judía, y a todos los reglamentos que se dan en los primeros cinco libros del Antiguo Testamento.

Valor: Un ideal personal o social que orienta el comportamiento humano; la gran mayoría de las normas se presentan como valores.

Vicios: Un acto, hábito o característica que se considera malo o malvado, normalmente en oposición o como negación de una virtud.

Virtud: Una cualidad moral, hábito de nuestro ser, o comportamiento que se considera bueno porque conduce a la excelencia de carácter.